PLAYING CANDLE

special items
25

플레잉 캔들

김수현 지음

아로마 캔들 & 디퓨저

당신을 위한

진정한 아로마테라피

PROLOGUE

일상을 특별하게 만드는

소중한 시간

캔들을 만드는 것은 향기로운 놀이, 즐겁고 신나는 향기의 세계로
당신을 초대합니다

누구에게나 밋밋한 일상을 특별하게 해주는 순간이 있습니다. 제게는 아무 생각 없이 집 근처를 산책할 때의 한가로움이 그렇고, 무심코 사 먹는 500원짜리 소프트콘의 달콤함이, 무릎 위에서 잠든 고양이 토리의 부드러운 몸짓이 그렇습니다. 그리고 이제는 일상에서 빼놓을 수 없는 것이 향기가 담긴 캔들이랍니다. 문득 캔들과 디퓨저에 눈길이 닿으면 반짝이는 촛불의 빛과 향이 담긴 용기의 찬란함에 마음이 화사해지고, 모두 잠든 어둔 밤 캔들에 불붙이고 홀로 깨어 있을 때, 그리고 잊고 있던 향기를 자각했을 때 평범했던 일상이 새롭고 특별해지지요. 이런 순간 몸과 마음이 한없이 느려지고 고요해지고 편안해집니다.

캔들은 요정 할머니의 지팡이 같기도 합니다. 작은 캔들 하나로 별 볼 일 없던 테이블이 로맨틱하게 변하기도 하고, 캔들이 만드는 동그란 빛의 둥지에서 내 안의 날카로운 면면이 부드럽게 깎여나가기도 해요. 평생 기억하고 싶은 특별한 순간엔 늘 캔들이 함께하죠. 그뿐이 아닙니다. 캔들과 디퓨저의 향기 덕분에 지루한 오후의 공간이 청정한 삼나무 숲이 되기도 하고, 보라색 꽃 가득한 라벤더 들판이 되기도 하지요. 이런 특별함 때문에 저는 아로마 캔들에 불붙이는 시간을 사랑하게 되었어요. 또 향기를 탐닉하고, 모험하듯 새롭게 만들고, 향을 담아 선물하는 것을 매우 즐기기도 하고요.

저는 아로마테라피스트입니다.

향기로 사람의 몸과 마음을 편안하게, 기분 좋고 건강하게 만들어주는 일을 합니다. 유심히 살펴보면 우리는 이미 다양한 향기와 더불어 살아가고 있지요. 갓 태어난 아기가 엄마의 체취로부터 앞으로 살아갈 세상의 경험을 시작하고, 날씨가 바뀌고 계절이 변하는 것도 향기로 가늠할 수 있지요. 자연과 삶이 주는 향기뿐만 아니라 요즘은 일상에서 사용하는 문구, 화장지, 화장품, 세제, 인테리어 소품 등 각종 생필품에도 여러 종류의 향기를 사용하고 있습니다. 일상이 향기로 더욱 풍요로워졌으나 아쉬운 점은 이런 향기의 대부분이 인공 재료를 원료로 한다는 것입니다. 시중에서 판매하는 캔들도 대부분 인공 향을 사용하고요. 인공 향은 석유 추출물을 원료로 하기 때문에 오랜 시간 맡으면 피로해지고 호흡기 건강에도 좋지 않습니다. 그래서 때로는 향기조차 공해로 느껴지기도 합니다. 하지만 천연 향이라면 걱정 없어요. 은은하고 편안하지요. 또 천연 향 중 일부는 향 성분에 고유의 효능이 있어 마음을 위로해주고 몸의 균형을 잡아주기도 해요.

이렇듯 몸과 마음의 건강을 위해 향을 사용하는 것이 아로마테라피입니다. 실제 약이나 식품에 활용하는 허브, 열매, 그 밖의 자연 식물의 특정 부분에서 아로마테라피의 핵심 재료인 에센셜 오일을 얻어냅니다. 에센셜 오일은 향과 더불어 고유의 효능이 있어 어떤 향기를 사용하느냐에 따라 원하는 효과를 기대할 수도 있어요. 감기 예방, 면역력 증강, 소화 촉진, 릴랙스, 활력 증강, 벌레 퇴치, 불면증 해소, 집중력 강화, 우울감 해소, 혈압 안정, 호흡기 질환 완화, 냄새 제거, 심장 기능 강화 등 향기로 이끌 수 있는 기능은 매우 다양합니다.

이 책에서 소개한 캔들과 디퓨저에 그런 천연 에센셜 오일을 사용했습니다. 만들기의 즐거움을 제공할 뿐만 아니라 만드는 사람과 사용하는 사람의 몸과 마음까지 모두 이롭게 하는 특별한 향기가 될 수 있도록 에센셜 오일 선택에 더 많은 노력을 기울였어요.

부디 이 책을 통해 캔들과 디퓨저에 대해 알아가고, 좋은 향을 사용하는 즐거움을 누리며, 그것을 하나하나 만들어가는 시간이 즐겁고 신나는 놀이, 향기로운 놀이가 되기를 바랍니다.

CONTENTS

PROLOGUE 14
BASIC 18

SUPPLEMENTARY
LESSON 142

CANDLE

티라이트 캔들 30
베이식 컨테이너 캔들 34
틴 케이스 커피콩 캔들 38
3단 레이어드 캔들 42
안티코프 캔들 46
안젤리카 캔들 52
시나몬 필라 캔들 56
애플 캔들 60
커리지 캔들 64
아이스 캔들 68
레몬 플로팅 캔들 72
해피 블러섬 캔들 76
비즈 시트 캔들 80
허니 캔들 84
막대 캔들 88
테이퍼 캔들 92
프레스 플라워 캔들 96
핼러윈 호박 랜턴 102
부엉이 캔들 106
컬러테라피 눈꽃 캔들 110
+
몸과 마음을 행복으로 이끄는 8가지 114
컬러테라피 조언

DEFFUSER

레몬그라스 디퓨저&센터피스 120
로즈메리 디퓨저 124
드라이 허브 디퓨저 128
오레가노 소이 쿠키 132
로즈 소이 오너먼트 디퓨저 136
+
아로마 램프와 7가지 테라피 드롭 블렌딩 140

——————— BASIC ———————

PLAYING CANDLE

START

BASIC

소이 왁스
콩으로 만듭니다. 연소 시간이 길고 낮은 온도에서도 잘 녹기 때문에 아로마 캔들 재료로 좋습니다. 그을음이 거의 없고 깔끔하게 연소됩니다. 컨테이너용과 필라용으로 나뉩니다. 녹는점은 46.1~54.5도.

비즈 왁스
꿀벌이 분비한 밀랍으로 만들어 은은한 벌꿀 향이 납니다. 단단하고 끈적거리며 수축이 심합니다. 정제(흰색), 비정제(노란색), 시트 타입 등으로 나뉩니다. 연소 시간이 길고 그을음이 거의 없습니다. 녹는점은 62~63도.

심지 탭 & 심지 고정 스티커
컨테이너 캔들을 만들 때 컨테이너 바닥에 심지를 고정해주는 장치. 심지를 탭에 끼운 후 고정 스티커로 붙이면 됩니다. 심지의 두께와 소재에 따라 사용하는 탭도 달라집니다.

고체 색소 & 액체 색소
컬러 캔들을 만들 때 필요한 재료로 고체 색소와 액체 색소 두 종류가 있습니다. 고체 색소는 녹인 왁스의 온도가 72도 이상일 때 조금씩 넣어가며 원하는 색을 만들고, 액체 색소는 온도에 상관없이 녹인 왁스에 넣어 사용합니다.

재 료

팜 왁스
야자나무 열매로 만듭니다. 왁스의 종류와
붓는 온도에 따라 독특한 결정이 생깁니다.
눈꽃 결정, 얼음 결정, 무결정, 줄무늬,
페블 등 여러 문양을 만들 수 있습니다.
녹는점은 58~62도.

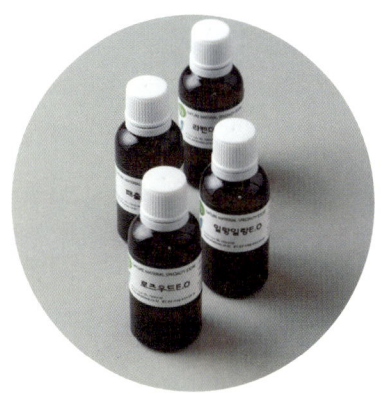

에센셜 오일
아로마 캔들과 디퓨저의 가장 핵심적인 재료.
어떤 향을 선택하느냐에 따라 각 성분 고유의
효능을 발휘해 몸과 마음의 테라피 효과를 얻을 수
있습니다. 열, 빛, 온도에 민감하고 유통 과정에서
변질될 수 있으므로 꼭 유통 기한을 확인하고
소량으로 구입하는 것이 좋습니다. 보관할 때는
지퍼백이나 밀폐 용기에 넣어 냉장고가 아닌,
그늘지고 서늘한 곳에서 보관합니다.

심지
캔들의 불꽃과 왁스를 이어주는 매개체.
캔들 직경에 따라 심지의 두께를 잘 맞추면 촛불이
처음부터 끝까지 고르게 잘 탑니다. 소재와
용도에 따라 면 심지, 티라이트 전용 심지,
나무 심지 등을 선택할 수 있으며, 주로 면 심지를
많이 사용합니다.

캔들 직경(cm)	면 심지	나무 심지
3~4.5	1호(16~20가닥)	1~2호(S)
4.5~5.5	2호(22~28가닥)	3호(M)
5.5~6.5	3호(30~32가닥)	3호(M)
6.5~7.5	3~4호(34~36가닥)	4호(L)
7.5~8.5	4~5호(42~46가닥)	4~5호(L~XL)
8.5~10	5~6호(60가닥)	5호(XL~3XL)

BASIC

컨테이너
심지를 설치하고 녹인 왁스를 붓고 굳혀서 사용하는 캔들의 용기. 도자기,
유리, 조개, 과일 껍질 등 무엇이든 사용할 수 있습니다.

몰드
왁스 표면이 외부로 드러나 있는 필라형 캔들을 만들 때
사용하는 틀. 실리콘, 알루미늄, 폴리카보네이트(PC),
유산지 등 재질이 다양하고 형태도 여러 가지 있습니다.

핫플레이트
왁스를 녹일 때 사용합니다.

전자저울
왁스를 계량할 때 사용합니다.

도구

스테인리스 비커
재료를 녹일 때 사용합니다. 높은 온도에서도 깨지지 않아
안전하며 유리보다 열전도율이 높아 많은 양의 왁스를 빨리 녹일 수 있습니다.

종이컵
녹인 왁스를 옮겨 담을 때 사용합니다.

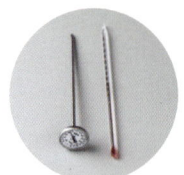

온도계
녹인 왁스의 온도를 잴 때 사용합니다.

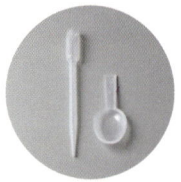

계량스푼
에센셜 오일을 계량할 때 사용합니다.
일회용 스포이트를 사용해도 됩니다.

나무 스틱
재료를 혼합할 때 사용합니다. 나무젓가락으로 대체 가능합니다.

가위
심지를 자를 때 사용합니다.

이형제
캔들이 몰드에서 쉽게 빠져나올 수 있도록 하는 스프레이 형태의 물질. 필라형 캔들을 만들 때 녹인 왁스를 몰드에 붓기 전 몰드 안쪽에 골고루 뿌리면 완성 후 캔들을 쉽게 빼낼 수 있습니다.

롱 노즈 니퍼
면 심지를 심지 탭에 끼우는 과정에서 단단히 고정할 때 사용합니다.

고무찰흙
몰드의 이음매나 심지 구멍을 메워 부은 왁스가 새지 않도록 할 때 사용합니다. 재활용이 가능해요.

심지 가위(윅 트리머)
가윗날이 L자로 꺾여 있어 캔들 사용 후 심지를 깨끗하게 정리할 수 있습니다. 없을 경우 손톱깎이로 대체 가능합니다.

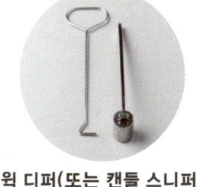

윅 디퍼(또는 캔들 스니퍼)
촛불을 끌 때 그을음 없이 안전하게 끌 수 있게 합니다.

심지 고정 클립
면 심지를 사용해 캔들을 만들 때 컨테이너나 몰드에 녹인 왁스를 붓고 굳히는 동안 심지가 움직이지 않고 잘 고정되도록 합니다. 없을 경우 나무젓가락으로 대체 가능합니다.

캔들 리드
컨테이너 캔들 윗면에 먼지가 달라붙지 않게 하면서 캔들을 보호하는 일종의 뚜껑. 종이, 플라스틱, 도자기 등 다양한 소재의 캔들 리드가 있습니다.

SPECIAL

AROMA CANDLE

CLASS

많은 종류의 캔들이 있습니다.
어떤 왁스
어떤 오일
어떤 용기를 사용하느냐에 따라 저마다
모양과 색과 향기가 다릅니다.
그런 캔들을 만들다 보면 미처 몰랐던
나만의 취향에 대해 생각해보게 됩니다.
당신의 취향을
당신의 색깔을
보고 느끼고 만져볼 수 있는
아주 특별한 캔들 수업.

SPECIAL

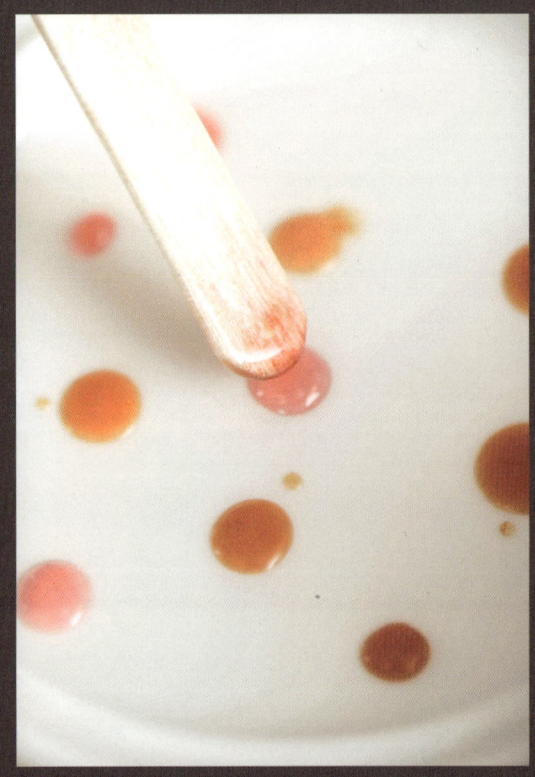

CLASS

천연 향료인 에센셜 오일 혹은 자연의 재료로 향을 낸 캔들입니다.

에센셜 오일 1ml는
전자저울로 1g이고,
스포이트로는
20방울입니다.

소이 왁스, 비즈 왁스,
팜 왁스 등
천연 왁스를 사용했습니다.
면 심지는 사용 전
코팅합니다.

나무 심지는 코팅 없이 바로 사용합니다.

완성한 캔들은
6개월 정도 보관할 수
있습니다.

캔들은 대부분 완성 후 48시간이 지난 후에 사용하면 좋습니다.

계절에 따라 왁스가
녹고 굳는 시간이 달라
이 책의 캔들 만들기에는
제작 시간을
계산하지 않았습니다.

SPECIAL

처음 캔들을 태울 때는 충분한 시간 동안 켜두어 캔들
윗면을 고르게 녹이세요. 그래야 왁스가 고르게 녹아 끝까지
알뜰하게 사용할 수 있습니다.

사용한 캔들에 다시 불을 붙일 때는
먼저 타들어간 심지를
가위로 정리(트리밍)한 후
불을 붙여야 촛불이
바로 올라오고 캔들 윗면도
깨끗하게 유지됩니다.

사용 후에는 윗면을 캔들 리드로 덮거나 랩으로 싸두세요.

발향이 목적일 경우 컨테이너 캔들을 사용하세요.
연소 시간보다 더 중요한 것이 불을 켰을 때 캔들에
고인 촛농(멜팅 풀)의 양과 깊이입니다. 촛농이 1~1.5cm 깊이로
형성될 때 발향이 가장 잘됩니다.

CLASS

ITEM 1

티라이트
캔들

어둑해진 밤 카페 테이블에서, 혹은 주방에서, 나만의 공간에서, 요리할 때나 식사 후 집 안의 음식 냄새를 없애고 싶을 때, 혼자만의 시간을 갖고 싶을 때 홀더에 담아 매일 사용할 수 있는 캔들이에요. 친구 작업실에 항상 켜 있던 것이 생각나 얼마 전 친구 생일날 365개의 티라이트를 만들어 선물했어요. 친구는 그날도 작업실에 와서는 책상에 가방을 던져두고 소파에 털썩 앉았겠지요. 그리고 제가 만든 티라이트에 촛불을 붙였을 거예요. 촛불과 함께 일순간 고요해지는 분위기, 촛불에 비쳐 빛나는 눈동자. 친구의 기분 좋은 하루가 티라이트에서 시작됐을 거예요. 저처럼 소중한 사람의 생일날 365개의 티라이트를 선물해보세요. 촛불과 함께하는 매일매일이 생일! 날마다 생일처럼 보내라는 메시지도 잊지 말고요.

재 료(4~5개 기준)
소이 왁스(컨테이너용) 50g,
티라이트 용기 4~5개,
에센셜 오일(p.33 참고) 5~20 방울,
티라이트 전용 심지 4~5개

취향대로 고른 에센셜 오일

도 구
핫플레이트, 전자저울,
손잡이 있는 스테인리스 비커, 온도계,
나무 막대, 심지 가위

○ 사용 중에는 용기가 뜨거워지니 꼭 홀더에 넣어 사용하세요.
○ 깊지 않은 투명한 유리컵이나 도자기 그릇 모두 티라이트 홀더로 이용할 수 있어요.
○ 완성한 티라이트는 지퍼백에 넣어 보관해야 먼지가 달라붙지 않고 향도 유지돼요.

HOW TO

1. 손잡이 있는 스테인리스 비커에 왁스를 담고 핫플레이트에 올려 녹입니다.
2. 녹인 왁스의 온도가 50~55도로 내려갔을 때 에센셜 오일을 넣고 나무 막대로 가볍게 젓습니다.
3. 티라이트 용기에 ②의 왁스를 부어 가득 채웁니다.
4. 심지가 끼워진 탭을 니퍼로 눌러 한 번 더 고정합니다.
5. 용기 바닥면에서 뿌옇게 굳기 시작하면 심지를 용기 중앙에 꽂습니다. 왁스의 점도로 인해 심지가 고정됩니다.
6. 20~30분 후 왁스가 완전히 굳으면 심지를 윗면으로부터 5mm 정도 남기고 자릅니다.

1

2

3

○ 티라이트 전용 심지는 코팅된 심지가 탭과 함께 달려 있어요. 하지만 심지 1~2호를 왁스에 코팅한 뒤 심지 탭에 끼워서 사용해도 돼요.
○ 티라이트 용기는 알루미늄 소재나 폴리카보네이트(PC) 소재 모두 좋아요.

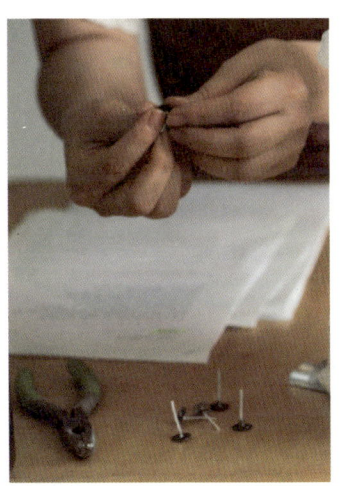

4

5

6

이럴 땐 이렇게, 티라이트 에센셜 오일 블렌딩(티라이트 1개 기준)

공기를 정화하고 싶을 때 레몬그라스 5방울+제라늄 3방울
벌레를 퇴치하고 싶을 때 제라늄 5방울(혹은 시트로넬라 5방울)
감기를 예방하고 싶을 때 티트리 6방울
릴랙스하고 싶을 때 라벤더 10방울
로맨틱한 분위기를 만들고 싶을 때 일랑일랑 5방울
두통을 가라앉히거나 소화를 돕고 싶을 때 스피어민트 5방울+진저 3방울

ITEM 2

베이식 컨테이너 캔들

캔들 만들기의 시작과 끝이라 할 수 있는 기본 캔들이에요. 왁스를 녹이고 심지를 코팅한 다음 컨테이너에 심지를 설치, 녹인 왁스에 에센셜 오일을 섞은 후 용기에 붓기만 하면 끝! 만들기가 아주 간단해요. 시더우드 에센셜 오일은 연필에서 나는 나무 냄새와 비슷한 그윽하고 은은한 향이 나요. 피톤치드 성분이 있어 호흡기에 좋고 피로감을 없애주며 마음을 편안하게 만들어주지요. 여기에 로즈우드 향을 더하면 깊은 릴랙스 효과까지 기대할 수 있어요. 시더우드와 로즈우드 에센셜 오일은 발화점도 높아 캔들에 아주 잘 어울려요. 특별히 좋아하는 에센셜 오일 블렌딩이 있다면 미리 섞어 차광 병에 3~4일 정도 숙성시켜 사용해보세요. 만들 때 바로 넣는 것보다 향이 더 부드럽고 풍성해져요.

재 료(각각 1개 기준)
면 심지 유리 컨테이너 캔들
소이 왁스(컨테이너용) 120~130g,
에센셜 오일(시더우드 5ml +
로즈우드 3ml) 8ml, 반투명 유리
용기(7oz, 지름 7cm) 1개,
면 심지(3호) 1개, 심지 탭 1개,
심지 고정 스티커 1개

우드 윅 도자기 컨테이너 캔들
소이 왁스(컨테이너용) 120~130g,
에센셜 오일(시더우드 5ml +
로즈우드 3ml) 8ml,
나무 심지(중간 사이즈) 1개,
나무 심지 탭 1개, 심지 고정 스티커 1개

시더우드

로즈우드

한 가지 향만 사용하고 싶다면
시더우드 에센셜 오일을 권합니다.

도 구
핫플레이트, 전자저울, 계량스푼,
손잡이 있는 스테인리스 비커,
온도계, 나무 막대,
심지 가위, 롱 노즈 니퍼, 심지 고정 클립

○ 사용 후 다시 캔들에 불을 켤 때는 타들어간 심지를 정리(트리밍)하고 나서 불을
붙여야 촛불이 바로 올라오고 캔들 윗면도 깨끗하게 유지돼요.
○ 사용 후엔 먼지가 달라붙지 않고 향이 보존되도록 캔들 리드로 덮거나 랩으로 싸두세요.

HOW TO

1. 손잡이 있는 스테인리스 비커에 왁스를 넣고 핫플레이트에 올려 녹입니다.
2. 면 심지를 컨테이너 높이보다 2~3cm 더 길게 자른 뒤 녹인 왁스에 담가 코팅합니다.
3. 코팅한 심지를 탭에 끼웁니다.
4. 나무 심지는 컨테이너 높이보다 약간 짧게 잘라 나무 심지용 탭에 끼웁니다.
5. 준비한 2개의 심지를 심지 고정 스티커를 이용해 각각의 컨테이너 바닥에 설치합니다.
6. 녹인 왁스의 온도가 55~60도로 내려갔을 때 에센셜 오일을 넣고 잘 젓습니다.

7. 1차 붓기: 두 종류의 컨테이너에 녹인 왁스의 80% 정도를 나누어 붓습니다.
8. 면 심지는 고정 클립으로 고정하고 나무 심지는 작은 집게를 꽂아 고정합니다.
9. 2차 붓기: 왁스가 심지 주변까지 굳히면 남은 왁스를 다시 녹인 뒤 온도가 55~60도로 내려갔을 때 다시 붓습니다. 원하는 높이까지 왁스를 채우고 다시 심지를 고정합니다.
10. 하루 정도 왁스를 굳힌 후 심지를 윗면으로부터 5mm 정도 남기고 자릅니다.

ITEM 3

틴 케이스 커피콩 캔들

저는 여행이나 출장 때 꼭 틴 케이스 캔들을 챙겨 가요. 잘 정돈된 숙소라 해도 낯선 사물들이 마음을 더 외롭게 만들 때가 있거든요. 그럴 때 전등불을 끄고 틴 케이스 캔들을 켜요. 캔들은 딱 받아들이고 싶은 만큼의 빛을 선사해요. 동그란 촛불 아래 있다 보면 어느새 마음이 가라앉고 어둠조차 순하게 잠이 들어요. 제라늄 캔들은 조화와 균형, 안정감을 주는 향이 나요. 여행, 이사 등으로 공간에 변화가 있을 때 새로운 환경에 쉽게 적응할 수 있도록 도와주죠. 벌레를 쫓는 기능도 있어 캠핑이나 피크닉 등 야외 활동 때 '캠핑 캔들'로 잘 어울려요. 이번에는 커피콩도 넣어보았어요. 다 쓴 컨테이너는 버리지 말고 다음에 다시 사용하세요. 세월이 묻어난 나만의 틴 케이스 캔들이 있다는 건 꽤 기분 좋은 일이거든요.

재 료(2개 기준)
소이 왁스(컨테이너용) 150g,
틴 케이스 2개(지름 6.5cm),
에센셜 오일(제라늄 4ml+파촐리 1ml) 5ml,
면 심지(3호) 2개, 심지 탭 2개,
심지 고정 스티커 2개, 커피콩 약간

제라늄

파촐리

도 구
핫플레이트, 전자저울, 계량스푼,
손잡이 있는 스테인리스 비커, 온도계,
나무 막대, 심지 고정 클립, 심지 가위,
핀셋, 롱 노즈 니퍼

○ 캔들에 불을 붙이고 나면 틴 케이스가 뜨거워서 옮기기 어려우니 미리 적당한 위치에 놓고 불을 붙이세요.
○ 캔들의 열기로 바닥이 눌을 수도 있으니 반드시 받침을 깔고 사용하세요.
○ 사용 중 커피콩에 불이 붙기도 하니 촛농이 생겨 커피콩이 움직일 때 건져내세요.
○ 다 쓴 틴 케이스는 일반 세제와 뜨거운 물로 닦아 다시 사용할 수 있어요.

HOW TO

1. 손잡이 있는 스테인리스 비커에 왁스를 넣고 핫플레이트에 올려 녹입니다.
2. 녹인 왁스에 심지를 코팅합니다. (p.146 참고)
3. 코팅한 심지를 심지 탭에 끼웁니다.
4. 심지 고정 스티커를 이용해 틴 케이스 중앙에 심지를 설치합니다.

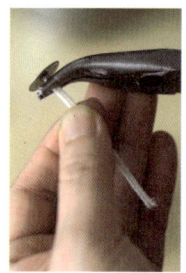 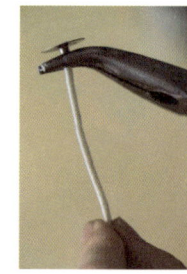

1

2

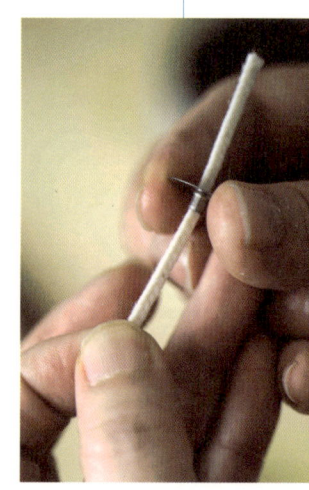

3

4

 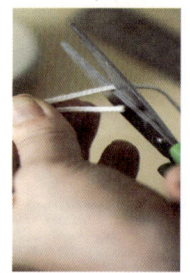

5   녹인 왁스의 온도가 55~60도로 내려갔을 때 에센셜 오일을 넣고 나무 막대로 충분히 저어 잘 섞습니다.
6   ⑤를 틴 케이스에 붓습니다.
7   심지 고정 클립으로 심지를 고정한 후 왁스가 굳도록 15분 정도 둡니다.
8   틴 케이스 테두리까지 왁스가 뽀얗게 굳기 시작하면 핀셋으로 커피콩 집어 컨테이너 테두리를 따라 붙입니다.
9   왁스를 하루 정도 굳힙니다.
10   심지를 윗면으로부터 5mm 정도 남기고 자릅니다.

41 | CANDLE

ITEM 4

3단 레이어드 캔들

저는 큼지막한 유리병 캔들만 보면 마음이 푸근해져요. 한참 쓰겠다 싶어 뚜껑도 닫아두고 사용할 때마다 심지 트리밍에도 신경 쓰지요. 아로마 캔들은 향을 잃지 않도록 뚜껑 있는 용기를 이용해 만드는 것이 좋아요. 공기 정화 능력이 탁월한 레몬그라스와 파촐리 향은 공기 중 떠다니는 냄새의 원인 물질과 유해 균을 분해하고 억제해요. 욕실처럼 습기 많은 곳에 켜두면 습도 조절이 돼 곰팡이를 방지할 수 있어요. 담배 냄새나 화장실 악취 등도 깔끔하게 사라져요. 넉넉한 크기의 캔들을 사용하다 보면 지루해질 수도 있으니 몇 가지 컬러를 넣은 레이어드 캔들로 만들려고 해요. 어떤 컬러 배합과 방법으로 왁스를 붓느냐에 따라 완성된 패턴이 달라져요. 미리 원하는 느낌을 스케치한 뒤 도전해보세요.

재 료(1개 기준)
소이 왁스(컨테이너용) 300g,
뚜껑 있는 유리 용기(지름 8cm) 1개,
에센셜 오일(레이어 하나마다
레몬그라스 4ml+파촐리 1ml) 총 15ml,
핑크색 액체 색소 아주 조금,
면 심지(4~5호) 1개, 심지 탭 1개,
심지 고정 스티커 1개

레몬그라스

파촐리

도 구
핫플레이트, 전자저울, 계량스푼,
손잡이 있는 스테인리스 비커, 온도계,
나무 막대, 심지 가위, 핀셋,
롱 노즈 니퍼, 심지 고정 클립,
작은 스테인리스 비커(또는 종이컵) 3개

◦ 유리 용기는 작업 전 뜨거운 물을 담아두거나 드라이어로 병 안쪽을 따뜻하게 데우세요.
이렇게 하면 용기 안쪽으로 왁스가 들뜨는 현상(웨트 스폿)이 생기지 않아요.
◦ 에센셜 오일을 넣을 때는 층별로 따로 섞어 넣어야 해요. 한꺼번에 섞으면 왁스가 굳은 뒤
다시 녹이는 동안 에센셜 오일의 향이 모두 사라져요.
◦ 용기 입구가 좁고 깊이가 너무 깊으면 사용 중 그을음이 생길 수 있으니 입구가 넓은 용기를 사용하세요.

HOW TO

1. 손잡이 있는 스테인리스 비커에 왁스를 넣고 핫플레이트에 올려 녹입니다.
2. 녹인 왁스에 심지를 코팅합니다.
3. 코팅한 심지를 심지 탭에 끼웁니다.
4. 심지 고정 스티커를 이용해 심지를 컨테이너 바닥에 고정합니다.
5. 녹인 왁스의 온도가 55~60도로 내려갔을 때 스테인리스 비커 3개에 각각 100g씩 나누어 붓습니다.
6. 3개의 비커 중 2개에 색소를 조금씩 넣어 진핑크색, 연핑크색으로 만듭니다.
7. 1차 붓기: 진핑크색 왁스의 온도가 50~55도로 내려갔을 때 에센셜 오일을 넣고 나무 막대로 충분히 저은 후 유리병에 붓습니다. 이때 유리병 안쪽에 얼룩이 남지 않도록 주의하세요.
8. 왁스가 굳기를 기다립니다.
9. 2차 붓기: 1차 붓기 한 왁스가 심지 주변까지 완전히 굳으면 ⑦과 같은 방법으로 에센셜 오일을 넣고 잘 저은 후 붓습니다. 이때 왁스가 너무 뜨거우면 아래쪽 왁스가 녹을 수 있으니 반드시 온도를 확인해야 해요.
10. 심지 고정 클립으로 심지를 고정한 뒤 30분에서 1시간 정도 굳기를 기다립니다.
11. 3차 붓기: ⑩의 왁스가 심지 주변까지 완전히 굳으면 ⑦과 같은 방법으로 에센셜 오일을 넣고 잘 저은 후 붓습니다. 마찬가지로 왁스가 너무 뜨거우면 아래쪽 왁스가 녹을 수 있으니 반드시 온도를 확인해야 합니다.
12. 같은 방법으로 심지 고정 클립으로 심지를 고정하고 하루 정도 굳힙니다.
13. 왁스가 완전히 굳으면 심지를 윗면으로부터 5mm 정도 남기고 자릅니다.

- 캔들을 다시 사용할 때는 심지에 붙어 있는 재를 깨끗이 제거(트리밍)하고 불을 붙이세요.
- 나무 심지는 사용 중 나무의 탄내 때문에 아로마 고유의 향이 변할 수 있으니 면 심지를 사용하는 것이 좋아요.

45 | CANDLE

ITEM 5

안티코프
캔들

예쁜 별 모양의 스타아니스는 팔각회향이라고 불리며 향신료, 한약재 등에 쓰지요. A형 독감 바이러스 치료제인 타미플루에도 스타아니스 성분이 들어 있어요. 그러니 스타아니스를 넣은 캔들 역시 환절기 감기 예방에 좋겠지요? 달콤한 젤리 같은 향도 아주 매력적이에요. 이 캔들은 캔들을 어느 정도 켜둔 후 촛농이 생기면 촛불을 끄고, 촛농에 에센셜 오일을 추가로 떨어뜨려 향을 내는 것이 포인트예요. 유칼립투스는 호흡기 질환에 탁월하고 레몬은 백혈구 합성률을 높여 면역력을 높여줘요. 한 가지 더 권한다면 티트리 오일. 항균·항바이러스 작용이 뛰어나요. 발화점이 낮아 촛불을 끄고 사용해야 좋은 에센셜 오일들이죠.

재 료(1개 기준)
소이 왁스(컨테이너용) 300g, 입구가
넓은 용기(지름 13cm) 1개,
에센셜 오일(스타아니스 10ml),
스타아니스 허브 5~6개,
면 심지(5호) 1개, 심지 탭 1개,
심지 고정 스티커 1개,
촛불을 끄고 넣는 에센셜 오일 :
유칼립투·레몬·티트리 2방울씩

스타아니스

유칼립투스

레몬

티트리

도 구
핫플레이트, 전자저울, 계량스푼,
손잡이 있는 스테인리스 비커,
온도계, 나무 막대, 심지 가위, 핀셋,
롱 노즈 니퍼, 심지 고정 클립

○ 캔들이 켜져 있을 땐 절대로 에센셜 오일을 추가해 넣지 마세요. 발화점이 낮고 휘발성이 강해
불이 옮겨 붙을 수 있어요.

HOW TO

1

1   손잡이 있는 스테인리스 비커에 왁스를 넣고 핫플레이트에 올려 녹입니다.
2   녹인 왁스에 심지를 코팅합니다.
3   코팅한 심지를 심지 탭에 끼웁니다.
4   심지 고정 스티커를 이용해 컨테이너 바닥에 심지를 고정합니다.

2

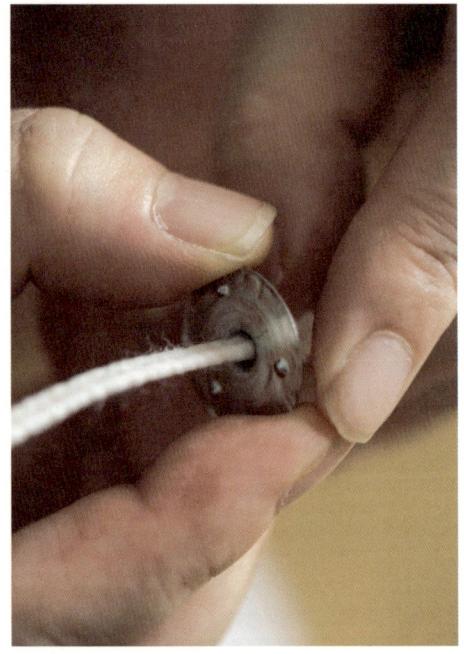

3

4

6 7

5

5	녹인 왁스의 온도가 50~55도로 내려갔을 때 에센셜 오일을 넣고 나무 막대로 저어 잘섞습니다.
6	컨테이너에 ⑤의 왁스를 붓습니다.
7	심지 고정 클립으로 심지를 고정한 뒤 10~15분 정도 왁스를 굳힙니다.
8	심지 주변까지 왁스가 거의 굳으면 스타아니스 허브 2~3개를 캔들 윗면, 되도록 심지에서 멀리 눌러 박습니다.
9	왁스가 완전히 굳으면 심지를 윗면으로부터 5mm 정도 남기고 자릅니다.

8

캔들을 사용할 때

- 불을 켠 뒤 심지 주변에 1~1.5cm 깊이의 촛농(멜팅 풀)이 생기면 불을 끕니다.
- 촛농 부분에 유칼립투스·레몬·티트리 에센셜 오일을 2방울씩 넣습니다.
- 가만히 향기를 맡아보세요. 촛농 속에서 에센셜 오일들이 어우러져 향이 더 풍성해집니다.

ITEM 6

안젤리카 캔들

향 좋고 몸에도 좋아 동서양에서 모두 선호하는 당귀는 캔들 만들기에서도 유용한 재료예요. 옛날 중국에서 전쟁터에 나가는 남자 품에 당귀를 넣어 무사귀환을 기원했다고 해서 당귀(當歸)라고 이름 붙였지요. 함께 사용하는 안젤리카 향은 당귀 뿌리에서 추출한 에센셜 오일로 진통 작용과 함께 몸과 마음을 따뜻하고 편안하게 해줘요. 우리는 늘 무언가를 소망해요. 좋은 사람이 생기기를, 하는 일이 잘되기를, 늘 건강하기를, 행복해지기를…. 그런데 그 소중한 꿈이 이루어지는 날은 언제나 오늘이 아니고 내일이죠. 언제부터 인지 더 나은 내일을 기다리는 것이 오늘의 주된 일이 되었어요. 하지만 수호천사를 불러오는 안젤리카 향을 맡다 보면 내일에 대한 두려움과 불안을 떨쳐버리고 오늘에 집중할 수 있게 돼요. 함께 넣은 하이페리쿰 오일은 근육통을 가라앉혀줘요. 마치 고대 유럽의 마녀가 된 것처럼 당귀를 소이 왁스에 넣고 마법의 약을 달이듯 우려내는 특별한 캔들. 우리고 거르는 과정이 번거롭기도 하지만 만드는 동안 풍기는 당귀 향에 금세 마음이 편해져요. 이렇게 만든 캔들은 촛농으로 마사지도 할 수 있어요. 캔들에 익숙지 않은 어르신께도 좋은 선물이 될 거예요.

재 료(1개 기준)
소이 왁스(에코소야 CB135) 350g,
뚜껑 있는 유리병(지름 7cm) 1개,
안젤리카(혹은 라벤더)
에센셜 오일 10g, 하이페리쿰 오일 25g,
말린 당귀 150g, 면 심지(5호) 1개,
심지 탭 1개, 심지 고정 스티커 1개

안젤리카(혹은 라벤더)

하이페리쿰

도 구
핫플레이트, 전자저울, 계량스푼,
손잡이 있는 스테인리스 비커, 온도계,
나무 막대, 심지 가위, 핀셋, 롱 노즈 니퍼,
심지 고정 클립

○ 당귀 향이 마음에 든다면 캔들에 에센셜 오일을 넣지 않아도 돼요.
○ 하이페리쿰 오일은 향이 있는 에센셜 오일은 아니에요.
○ 왁스 중탕은 핫플레이트 대신 전기밥솥에서 3~4시간 보온해도 돼요. 중간에 한 번씩 저으세요.

안젤리카 캔들로 즐기는 근육통 마사지

1   캔들에 불을 켜 촛농이 생기면 불을 끄고 종이컵에 촛농을 덜어냅니다.
2   거칠고 차가운 손발이나 쑤시고 저린 부위에 덜어낸 촛농을 떨어뜨려 부드럽게 마사지합니다. 소이 왁스는 녹는점이 낮아 촛농이 뜨겁지 않아요.
3   충분히 마사지하고 나서 티슈나 마른 수건으로 가볍게 닦아냅니다.

HOW TO

1

2

1 　말린 당귀를 흐르는 물에 씻어 먼지를 제거하고 그늘에서 말립니다.
2 　손잡이 있는 스테인리스 비커에 왁스를 넣고 핫플레이트에 올려 녹입니다.
3 　녹인 왁스에 당귀를 넣고 핫플레이트 온도를 1단계로 하여 가끔씩 저으면서
　　3~4시간 동안 중탕합니다. 이때 왁스의 온도가 70도를 넘지 않도록 주의하세요.
4 　중탕이 끝나면 당귀를 체에 거릅니다.
5 　당귀 우린 왁스에 심지를 코팅한 뒤 코팅한 심지를 심지 탭에 끼웁니다.

3

4

5

6

7

8

6   심지 고정 스티커로 심지를 컨테이너에 설치합니다.
7   왁스의 온도가 55~60도로 내려갔을 때 에센셜 오일과 하이페리쿰 오일을 넣고 나무 막대로 충분히 젓습니다.
8   컨테이너에 ⑦의 왁스를 붓습니다.
9   심지 고정 클립으로 심지를 고정해 하루 정도 굳힙니다.
10 심지를 캔들 윗면에서 5mm 정도 남기고 자릅니다.

9

10

55 | CANDLE

ITEM 7

시나몬 필라 캔들

캔들에 관심 있다면 누구나 한번 만들게 되는 캔들이에요. 모양이 예쁘고 향의 느낌이 따뜻해 겨울철, 특히 크리스마스트리와 잘 어울려요. 시나몬은 겨울뿐 아니라 사계절 내내 유용한 허브예요. 강력한 진통 작용과 살균·방충·방부 기능이 있어요. 다습한 여름에는 곰팡이 균의 번식을 억제하고 벌레를 쫓아내며, 겨울철에는 중추신경을 자극해 몸을 활기차고 따뜻하게 만들어주지요. 특히 집 먼지 진드기가 싫어하는 향으로 실내 곳곳에 두는 것만으로도 도움이 돼요. 같은 방법으로 컨테이너 캔들도 만들 수 있어요. 컨테이너 캔들은 필라 캔들보다 발향이 더 잘돼요.

재 료(1개 기준)
소이 왁스(필라용) 300g,
에센셜 오일(시나몬 바크 8ml+메이창
5ml+클로브 버드 1ml) 14ml,
면 심지(3호) 1개, 시나몬 스틱 5~10개

시나몬 바크

메이창

클로브 버드

도 구
PVC 사각 몰드(또는 우유 팩),
핫플레이트, 전자저울, 계량스푼,
손잡이 있는 스테인리스 비커,
온도계, 나무 막대, 심지 가위, 꽃가위,
심지 고정 클립(또는 나무젓가락),
고무찰흙, 이형제

○ 시나몬 바크 에센셜 오일만 사용하고 싶다면 8ml만 사용하세요.
양이 많아지면 연소 시 눈이 따가울 수 있어요.
○ 시나몬 스틱을 자를 때는 꽃가위를 활용하면 깔끔해요.
○ 사용 중 시나몬 스틱에 불이 붙을 수 있으니 스틱이 움직이면 제거하세요.
○ 사용 중 촛농이 흐를 수 있으니 꼭 받침을 사용하세요.

HOW TO

1　사각 몰드에 시나몬 스틱을 세워 필요한 스틱의 개수를 체크합니다.
2　스틱을 몰드 높이보다 약간 길게 자르고 먼지를 털어둡니다.
3　손잡이 있는 스테인리스 비커에 왁스를 넣고 핫플레이트에 올려 녹입니다.
4　녹인 왁스에 심지를 코팅합니다.
5　코팅한 심지를 몰드 바닥에 있는 심지 구멍에 끼워 심지가 1cm 정도 구멍 밖으로 나오게 합니다.
6　그 위를 고무찰흙으로 감싸 왁스가 새지 않도록 꼼꼼하게 막습니다.
7　몰드 안쪽에 이형제를 뿌립니다.
8　1차 붓기: 녹인 왁스를 온도에 상관없이 몰드의 2~3cm 높이까지 붓습니다.
9　왁스가 뿌옇게 굳기 시작하면 왁스의 점성을 이용해 시나몬 스틱을 몰드 벽면을 따라 꽂습니다.
10　2차 붓기: ⑨의 시나몬 스틱이 고정되면 녹인 왁스의 온도가 55~60도로 내려갔을 때 에센셜 오일을 넣고 나무 막대로 충분히 저은 뒤 몰드에 붓습니다.
11　심지 고정 클립으로 심지를 고정한 뒤 하루 정도 굳힙니다.
12　심지 구멍을 막은 고무찰흙을 떼어낸 다음 몰드에서 캔들을 빼냅니다.
13　캔들 바닥면의 심지는 바짝 자르고 윗면에서 5mm 정도 심지를 남기고 자릅니다.

시나몬 에센셜 오일 구입 시 주의할 점

시나몬 에센셜 오일 원액은 독성이 강하니 가급적 피부에 닿지 않도록 조심히 다루고, 피부에 닿았을 경우는 곧바로 비눗물로 씻어야 해요. 종류는 시나몬 바크와 시나몬 리프 두 가지예요. 시나몬 바크는 계수나무 껍질에서 추출한 것으로 이미 우리에게 익숙한 한약재이죠. 계수나무 잎사귀에서 추출한 시나몬 리프는 살충제로 사용할 만큼 독성이 강해요. 캔들을 만들 땐 시나몬 바크면 충분해요. 따로 표기하지 않았다면 시나몬 바크일 거예요. 구매 전 확인해보세요.

59 | CANDLE

ITEM 8

애플 캔들

'매일 사과 한 개를 먹으면 의사를 멀리하게 된다'는 유럽 속담에서 알 수 있듯 사과는 건강의 상징입니다. 또 중국에서는 그 발음이 '평안(平安)'처럼 들려서 명절 때 가정의 평화를 기원하는 의미의 선물로도 쓰인다고 해요. 이런 사과의 의미를 살려 라벤더 에센셜 오일을 넣은 캔들로 만들어봤어요. 라벤더는 쓰임새가 다양하고 성질이 순해 아이와 어른 모두에게 좋은 향이에요. 긴장을 풀어주고 불면증이나 우울증에도 도움이 되며 요즘은 항암 치료에 쓰기도 하지요. 곁에 두는 것만으로도 마음이 편안해지는 캔들이에요.

재 료(1개 기준)
소이 왁스(필라용) 300g,
에센셜 오일(라벤더 20ml+파촐리 1ml)
21ml, 면 심지(3호) 1개,
원하는 액체 색소 약간

라벤더

파촐리

도 구
사과 모양 실리콘 몰드 1개,
핫플레이트, 전자저울, 계량스푼,
손잡이 있는 스테인리스 비커, 온도계,
나무 막대, 심지 가위, 고무줄, 종이컵,
심지 고정 클립

**실리콘 몰드 만들 때 필요한
재료와 도구**
액상 실리콘, 경화제, 몰드 틀로 사용할
빈 페트병 1개, 문구용 칼, 송곳,
나무 막대, 끝이 뾰족한 긴
막대(꼬챙이), 사과 1개, 실리콘을
반죽할 큰 종이컵이나 일회용 그릇

○ 2차 붓기를 한 후에도 심지 주변으로 구멍이 생겼다면 문구용 칼로 구멍 주변의
왁스를 파낸 후 55~60도로 녹인 왁스를 부어 메워주세요.
○ 캔들 사용 시 바닥에 촛농이 흐를 수 있으니 꼭 접시를 받치고 사용하세요.
○ 완성한 캔들 표면에 뾰족한 것으로 약간 힘주어 글씨를 쓰고, 녹인 왁스를 손가락 끝에 조금
묻힌 후 파인 글씨 부분에 문질러 매우면 글씨가 선명하게 표현됩니다.

61 | CANDLE

HOW TO

사과 몰드 만들기

1. 주먹 크기의 모양이 예쁜 사과를 골라 깨끗하게 씻어서 물기를 제거합니다.
2. 사과 바닥면에서 꼭지 방향으로 정중앙에 꼬챙이를 찌릅니다.
3. 빈 페트병을 사과가 푹 담길 정도의 높이로 잘라 몰드 틀을 만듭니다.
4. ②의 사과를 몰드 틀에 고정합니다.
5. 종이컵에 액상 실리콘과 경화제를 제품에 표기된 비율대로 계량해 담은 뒤 나무 막대로 저어 잘 섞습니다. 실리콘이 굳을 수 있으니 10분 이내로 빨리 섞어야 합니다.
6. ③의 몰드 틀에 ④를 부어 사과가 2cm 이상 잠기도록 합니다. 굳는 과정에서 사과가 떠오르지 않도록 주의합니다.
7. 4~6시간 정도 굳힌 후 몰드 틀을 제거합니다.
8. 문구용 칼로 몰드의 양옆을 1/2 정도 자르고 사과를 빼냅니다.
9. 사과 몰드가 완성되면 칼로 윗면에 왁스를 부을 구멍을 냅니다. 바닥면에 꼬챙이를 꽂은 자리는 심지 구멍이 됩니다. 구멍이 나지 않았다면 송곳으로 심지 구멍을 만듭니다.

캔들 만들기

10. 손잡이 있는 스테인리스 비커에 왁스를 넣고 핫플레이트에 올려 녹입니다.
11. 녹인 왁스에 심지를 코팅합니다.
12. ⑨의 구멍에 코팅한 심지를 끼웁니다. 실리콘 몰드는 복원력이 뛰어나 구멍을 내도 왁스가 새지 않아요.
13. 몰드가 벌어지지 않도록 고무줄로 고정합니다.
14. 녹인 왁스의 온도가 55~60도로 내려갔을 때 액체 색소를 한 방울씩 넣어가며 원하는 컬러 톤을 만듭니다.
15. ⑭에 에센셜 오일을 넣고 나무 막대로 저어 잘 섞습니다.
16. 1차 붓기: 좁은 몰드 구멍 속으로 왁스를 보다 쉽게 부을 수 있도록 녹인 왁스를 종이컵에 덜어 가득 붓고 심지 고정 클립으로 고정합니다.
17. 2차 붓기: 20~30분 정도 지나 심지 주변의 왁스가 줄어들면 남은 왁스를 다시 녹여 55~60도일 때 추가로 붓고 심지 고정 클립으로 고정합니다.
18. 하루 정도 지나 완전히 굳으면 고무줄을 제거하고 몰드 양옆을 벌려 캔들을 꺼냅니다.
19. 캔들의 바닥면이 될 심지 주변을 칼로 다듬고, 심지를 캔들 윗면에서 5mm 정도 남기고 자릅니다.

ITEM 9

커리지 캔들

"연탄재 함부로 발로 차지 마라. 너는 누구에게 한 번이라도 뜨거운 사람이었느냐"로 시작하는 시인 안도현의 시 '너에게 묻는다'는 누구에게나 뜨거운 가슴이 있다는 것을 잊지 않게 합니다. 주변에 용기가 필요한 사람이 있다면 연탄 모양의 이 캔들을 선물해보세요. 에센셜 오일 향이 어우러져 기분 전환에 도움을 줄 것입니다. 베르가모트, 일랑일랑, 클라리 세이지 향에는 모두 항우울 효과가 있어요. 우울하고 좌절에 빠졌을 때 용기를 북돋아주는 에센셜 오일이죠. 한 가지 향을 사용해도 되지만 세 가지 향이 어우러지면 향이 더욱 풍성해져요. 선물할 때 안도현의 시도 함께 전달하면 더 큰 위로가 되겠지요.

베르가모트

일랑일랑

클라리 세이지

재 료(1개 기준)
소이 왁스(필라용) 240g, 에센셜 오일(베르가모트 10ml+일랑일랑 4ml+클라리 세이지 3ml) 17ml, 면 심지(3호) 1개, 검은색 액체 색소, 스트로(굵은 것) 9~10개

도 구
투명 원형 PVC 몰드(지름 8cm), 핫플레이트, 전자저울, 계량스푼, 손잡이 있는 스테인리스 비커, 온도계, 나무 막대, 심지 가위, 심지 고정 클립(또는 나무젓가락), 이형제, 고무찰흙, 문구용 칼

HOW TO

1. 손잡이 있는 스테인리스 비커에 왁스를 넣고 핫플레이트에 올려 녹입니다.
2. 녹인 왁스에 심지를 코팅합니다.
3. 코팅한 심지를 몰드 구멍에 끼웁니다.
4. 심지 구멍과 몰드 틈새를 고무찰흙으로 꼼꼼히 메워 왁스가 새지 않도록 합니다.
5. 녹인 왁스의 온도가 55~60도로 내려갔을 때 검은색 액체 색소를 방울 단위로 넣어 가며 원하는 컬러를 만듭니다. 흰 종이에 왁스 한 방울을 떨어뜨린 후 굳었을 때 나오는 컬러로 판단하세요.
6. 공기가 잘 통하는 곳에서 몰드 안쪽과 스트로에 골고루 이형제를 뿌립니다.
7. 1차 붓기: 녹인 왁스의 온도와 상관 없이 몰드에 2~3cm 높이로 왁스를 붓습니다. 그런 다음 왁스가 뿌옇게 굳도록 기다립니다.
8. 10~15분 정도 지나 왁스가 어느 정도 찐득하게 굳으면 연탄구멍을 떠올리며 일정한 간격으로 스트로를 꽂습니다. 이때 심지나 바깥 테두리에서 좀 떨어뜨려 꽂아야 합니다. 또 스트로끼리 너무 가깝지 않도록 간격을 유지하고요.
9. 2차 붓기: 녹인 왁스 온도가 55~60도일 때 에센셜 오일을 넣고 나무 막대로 저어 잘 섞습니다.
10. ⑨의 왁스를 몰드에 붓습니다.
11. 심지 고정 클립으로 심지를 고정합니다.
12. 하루 정도 지나 캔들이 완전히 굳으면 고무찰흙을 떼어낸 다음 캔들을 몰드에서 꺼냅니다. 스트로도 조심스럽게 뽑아냅니다.
13. 캔들의 위아래를 정한 후 위쪽 심지에 해당하는 부분은 윗면에서 5mm 정도 남기고 자르고, 아래쪽 심지는 여분 없이 완전히 자릅니다.

○ 왁스가 굳으면서 심지 주변이 움푹 파였다면 그 부분의 왁스를 칼로 파내고 녹인 왁스를 다시 부어 고르게 만들어요.
○ 스트로를 뽑을 때는 왁스가 충분히 굳은 후 빼내야 쉽게 빠지고 캔들도 부서지지 않아요.
○ 몰드 지름에 따라 심지와 스트로의 크기, 개수를 조정하세요.
○ 공기에 노출되는 표면이 넓어 반드시 캔들을 태우지 않아도 은은한 향을 즐길 수 있어요.
○ 구멍 때문에 다른 캔들보다 빨리 타고 촛농도 많이 흐르니 사용할 때는 꼭 바닥에 받침대를 두세요.
○ 스트로 구멍이 작을수록 캔들을 오래 사용할 수 있어요.

ITEM 10

아이스 캔들

구멍 난 치즈 덩어리 같아 청크(chunk) 캔들이라고도 하지만 진짜 얼음을 이용해서 만들기 때문에 아이스 캔들이라 불러야 더 잘 어울려요. 만드는 과정이 쉽고 재미있지만 무엇보다 촛불을 켰을 때 즐거움이 커요. 크고 작은 구멍들 사이로 흘러내리는 촛농을 보고 있으면 가슴속 응어리까지 녹아 없어지는 것 같아요. 일랑일랑은 화를 가라앉히는 에센셜 오일이에요. 분노 지수를 낮추고 삶을 로맨틱하게 만들어주기도 해요. 함께 사용한 샌들우드 향은 몸과 마음의 긴장을 풀어줘 더 깊고 편하게 숨 쉴 수 있게 해요. 단, 원액의 향을 깊게 오래 맡으면 두통이 생길 수 있으니 만드는 동안 자주 환기하세요.

일랑일랑

재 료(1개 기준)
소이 왁스(필라용) 300g, 에센셜 오일(일랑일랑 10ml+샌들우드 5ml) 15ml, 면 심지(3호) 1개, 조각 얼음 적당량

샌들우드

도 구
알루미늄 사각 몰드(또는 500ml 우유 팩), 핫플레이트, 전자저울, 계량스푼, 손잡이 있는 스테인리스 비커, 온도계, 나무 막대, 심지 가위, 물받이 통, 고무찰흙, 심지 고정 클립

○ 완성된 캔들을 몰드에서 빼거나 옮길 때 윗부분을 세게 잡으면 부서질 수 있으니 아랫부분을 잘 잡으세요.
○ 사용 중 촛농이 흐를 수 있으니 캔들 바닥에 꼭 받침대를 사용하세요.
○ 얼음의 크기가 작을수록 단단한 캔들을 만들 수 있어요.

HOW TO

1. 손잡이 있는 스테인리스 비커에 왁스를 넣고 핫플레이트에 올려 녹입니다.
2. 녹인 왁스에 심지를 코팅합니다.
3. 코팅한 심지를 몰드의 심지 구멍으로 통과시킵니다.
4. 고무찰흙으로 ③의 구멍을 메웁니다.

1

2

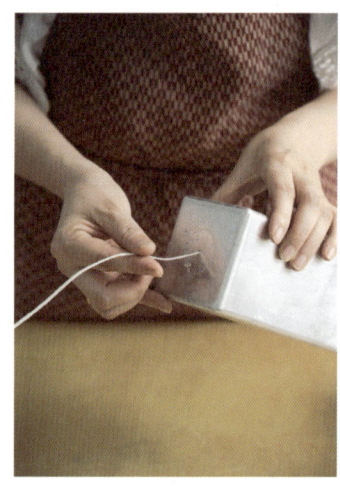

3

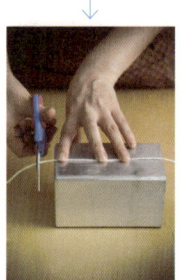  

4

5

5   몰드에 얼음을 1/2 정도 채웁니다.
6   녹인 왁스의 온도가 55~60도 내려갔을 때 에센셜 오일을 넣고 나무 막대로 저어 잘 섞습니다.
7   ⑥의 왁스를 몰드 속에 한 번에 붓고 심지 고정 클립으로 심지를 고정합니다.
8   캔들이 완전히 굳으면 몰드 아래에 물받이 통을 놓고 고무찰흙을 떼어낸 다음 캔들을 꺼냅니다.
9   캔들 바닥면의 심지는 바짝 자르고 캔들 윗면의 심지는 5mm 정도 남기고 자릅니다.

6

7

8

레몬 플로팅 캔들

레몬, 오렌지, 자몽 같은 시트러스 계열의 과일은 껍질에 향 성분이 가득 들어 있어요. 그래서 저는 오렌지주스나 레모네이드를 만든 후 껍질을 버리지 않고 하룻밤 침대맡에 두고 그 향을 즐기곤 해요. 시트러스 향은 감기를 예방해주는 건 물론 정신까지 맑게 해주지요. 이런 성질을 캔들에 적용해보았어요. 신선한 레몬 껍질만 있다면 에센셜 오일을 넣지 않아도 충분히 향기로운 아로마 캔들을 만들 수 있어요. 물에 뜨는 플로팅 캔들이라 인테리어 효과도 좋아요. 생과일의 상큼함과 신선한 향으로 누구에게나 기분 좋은 느낌을 줄 수 있어요. 작은 파티 때 레모네이드와 함께 장식하거나 큰 볼에 뱅쇼를 담고 캔들을 살짝 띄우면 센스 있는 데커레이션이 될 거예요.

신선한 레몬 껍질

재 료(2개 기준)
소이 왁스(컨테이너용) 30g,
면 심지(1~2호) 2개,
심지 탭 2개, 레몬 1개

도 구
핫플레이트, 전자저울, 계량스푼,
손잡이 있는 스테인리스 비커, 온도계,
나무 막대, 심지 가위, 과도, 스퀴저,
종이컵 2개, 문구용 칼, 롱 노즈 니퍼

○ 한 번 사용할 때 향이 모두 날아가는 1회용 캔들입니다. 보통의 레몬 크기라면 1시간 30분 정도 연소할 수 있어요.
○ 만들고 나서 바로 사용하세요. 바로 사용하지 않을 경우 지퍼백에 넣어 냉동 보관하세요.
○ 반드시 물에 띄워 사용하세요. 껍질이 마르면 불이 붙을 수 있으니 왁스가 거의 없다 싶으면 먼저 불을 꺼야 해요.
○ 같은 방법으로 레몬뿐 아니라 스위트오렌지(면 심지 3호)나 자몽(면 심지 5호)으로도 만들 수 있어요.
○ 캔들과 함께 꽃도 물에 띄우면 보기가 더 좋아요.

HOW TO

1

2

3

4

1   레몬을 깨끗하게 잘 씻어 반으로 자릅니다.
2   스퀴저로 레몬 껍질이 찢어지지 않도록 조심조심 레몬즙을 짜낸 후
    껍질 안쪽의 섬유질 부분을 손가락으로 꾹꾹 눌러 정리합니다.
3   2개의 종이컵 밑면에 십자 모양으로 칼집을 내고 그 위에 각각 ②의 레몬
    껍질을 반듯하게 올립니다.
4   손잡이 있는 스테인리스 비커에 왁스를 넣고 핫플레이트에 올려 녹입니다.

5

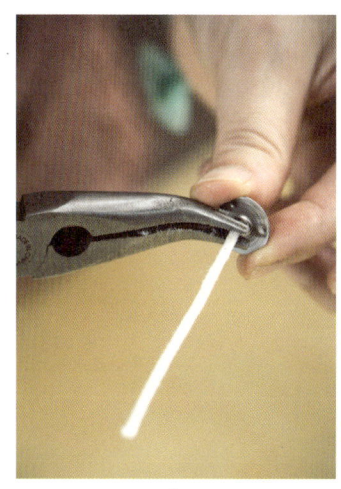
6

5 녹인 왁스에 심지를 코팅합니다.
6 코팅한 심지를 심지 탭에 끼웁니다.
7 왁스 온도가 50~55도로 내려갔을 때 ③에 붓습니다.
8 왁스가 굳기 시작하면 레몬 껍질 가운데 부분에 심지를 꽂습니다.
9 30분 정도 지나 캔들이 완전히 굳으면 심지를 윗면으로부터 5mm 정도 남기고 자릅니다.

7

8

9

75 | CANDLE

ITEM 12

해피 블러섬 캔들

캔들 워머에 사용하는 캔들은 따로 심지가 필요 없어요. 램프의 열기로 캔들을 녹여 향을 퍼뜨리니까요. 물론 심지가 있는 컨테이너 캔들을 사용해도 괜찮아요. 사용하다가 심지 주변으로 왁스가 움푹 타들어간 캔들은 워머 아래에 1~2시간 두면 윗면이 다시 고르게 돼요. 향기가 좋은 시트러스 계열의 에센셜 오일이나 티트리, 유칼립투스, 사이프러스, 파인 에센셜 오일처럼 몸에 좋지만 발화점이 낮아 사용할 수 없었던 에센셜 오일도 캔들 워머에서는 문제가 되지 않아요. 행복한 기분이 마구 들도록 웃음을 주는 스위트오렌지와 기분을 상쾌하게 만들어주는 베르가모트, 진정 작용이 뛰어난 로만 캐머마일, 로맨틱한 일랑일랑을 함께 섞었어요.

재 료(1개 기준)
소이 왁스(컨테이너용) 300g, 뚜껑 있는 유리 용기(지름 8cm), 에센셜 오일(스위트오렌지 25ml+베르가모트 10ml+로만 캐머마일 10ml+일랑일랑 5ml) 50ml, 핑크색 고체 색소 약간

스위트오렌지

베르가모트

로만 캐머마일

일랑일랑

도 구
핫플레이트, 전자저울, 계량스푼, 손잡이 있는 스테인리스 비커, 온도계, 나무 막대

- 캔들 워머를 사용하면 캔들에 촛농이 충분히 생겨 아로마 오일 향이 더욱 강해집니다. 사용 후 꼭 환기하세요.
- 사용 중 향이 약해지면 녹아 있는 촛농을 종이컵에 덜어내고 다시 캔들 워머로 녹이면 캔들 아랫부분에 밴 향이 발향돼 향기가 진해져요. 덜어낸 왁스는 다음에 다른 캔들을 만들 때 사용하세요.
- 그때그때 다른 향을 즐기고 싶다면 에센셜 오일을 넣지 않은 무향 캔들을 만들어 사용할 때마다 촛농에 원하는 에센셜 오일을 5~10방울 떨어뜨리세요.
- 사용하지 않을 때는 반드시 용기의 마개를 닫아두세요.

HOW TO

1

2

3

78 | PLAYING

4

5

1   손잡이 있는 스테인리스 비커에 왁스를 넣고 핫플레이트에 올려 녹입니다.
2   녹인 왁스 온도가 70~75도로 내려갔을 때 핑크색 고체 색소를 조금씩
       넣어가며 저어 원하는 색을 만듭니다.
3   왁스 온도가 50~55도일 때 에센셜 오일을 모두 한데 섞어 넣고
       다시 잘 젓습니다.
4   ③을 컨테이너에 붓습니다.
5   바로 마개를 닫고 하루 정도 굳힙니다.

ITEM 13

비즈 시트 캔들

제가 처음 만난 천연 캔들이 비즈 시트 캔들이에요. 육각형 문양의 올록볼록한 표면에 조그만 벌 한 마리가 붙어 있는 아주 귀여운 모양이었어요. 어느 해 친구들과 함께 마지막 밤을 보낸 적이 있어요. 그날 친구들 얼굴 위로 드리워진 부드러운 촛불 그림자와 도란도란 나눈 많은 이야기를 잊을 수가 없어요. 비즈 시트 캔들은 누구나 쉽게 만들 수 있어요. 만드는 과정 열을 가할 필요 없고 비즈 시트 왁스에 심지만 끼워 돌돌 말면 돼요. 비즈 시트의 꿀 향으로도 충분하지만 달콤함을 더하기 위해 스위트오렌지를 추가했어요.

스위트오렌지

재 료(1개 기준)
비즈 시트 왁스(41×19cm) 1장,
스모크리스 심지 1개(또는 면 심지
3호를 비즈 왁스로 코팅한 것),
스위트오렌지 에센셜 오일 5방울,
플라스틱 모형 벌 1~3마리

◦ 비즈 시트를 말 때 중간중간 밑면이 수평을 이루도록 신경 쓰세요.
◦ 시트를 단단하게 말수록 사용 중 그을음이 적고 안정적으로 연소돼요.
◦ 시트 한 장을 통째로 길게 말아 사용할 수도 있고 원하는 크기로 잘라 사용할 수도 있어요.
◦ 41×19cm 비즈 시트 한 장을 통째로 말면 지름 3.5cm 정도의 필라 캔들이 완성되고 대략 15시간 정도 연소되지요.
◦ 사용 중 촛농이 흐를 수 있으니 받침대를 놓고 사용하세요.

81 | CANDLE

H O W   T O

1

2

1   심지가 밖으로 5mm 정도 나온 상태에서 비즈 시트 한쪽 끝에 올립니다.
2   손가락으로 심지와 시트를 꾹꾹 눌러가며 붙입니다.
3   심지가 붙은 면을 시작으로 김밥 말 듯 단단하게 맙니다.
4   시트를 마는 동안 육각형 문양의 오목한 곳에 스위트오렌지 에센셜 오일을 군데군데 떨어뜨립니다.
5   시트가 끝나는 곳도 처음처럼 꾹꾹 눌러 캔들 몸체에 붙입니다.
6   모형 벌을 꽂아 장식합니다.

3

4

5

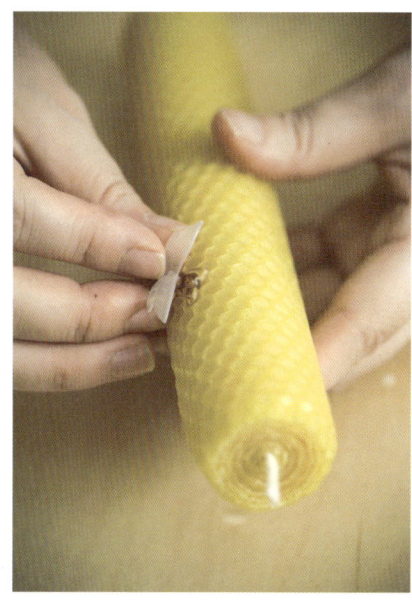

6

83 | CANDLE

ITEM 14

허니
캔들

꿀초는 제가 자주 애용하는 캔들이에요. 왁스 자체에 은은한 꿀 향과 꽃향기가 있어 만들 때 따로 향을 넣지 않아도 돼요. 또 비즈 왁스에 프로폴리스 성분이 들어 있어 건강관리에 도움이 되지요. 특히 연소 중 발생하는 음이온이 냄새를 빨아들여 음식 냄새, 애완동물 냄새 등 잡냄새 제거에 좋아요. 함께 넣은 연꽃 오일은 꿀초 향을 더 고급스럽게 만들어주고, 왁스가 수축되면서 용기에서 들뜨는 현상을 막아줘요.

재 료(5개 기준)
비즈 왁스(비정제) 80g, 작은 유리 용기(지름 5cm), 연꽃 오일 24g, 면 심지(3호) 5개, 심지 탭 5개

연꽃 오일

도 구
핫플레이트, 전자저울, 계량스푼, 손잡이 있는 스테인리스 비커, 온도계, 나무 막대, 심지 고정 클립

○ 꿀초를 처음 태울 때는 윗면이 고르게 녹도록 첫 연소 시간(프라임 타임)을 넉넉히 두세요.
○ 점성이 있어 먼지가 잘 달라붙으니 뚜껑 있는 용기를 사용하세요.
○ 비즈 왁스로 캔들을 만들 때는 다른 왁스로 캔들을 만들 때보다 두 단계 이상 두꺼운 면 심지를 사용하세요. 나무 심지는 점도 높은 비즈 왁스를 잘 빨아올리지 못해요.
○ 연꽃 오일은 에센셜 오일이 아니라 식물성 오일이에요. 해바라기씨 오일로 대체할 수 있으며 넣지 않아도 무방해요.

HOW TO

1. 손잡이 있는 스테인리스 비커에 왁스를 넣고 핫플레이트에 올려 녹입니다.
2. 녹인 왁스에 심지를 코팅합니다.
3. 코팅한 심지를 심지 탭에 끼웁니다.
4. 녹인 왁스의 온도가 75~80도로 내려갔을 때 연꽃 오일을 넣고 나무 막대로 잘 젓습니다. 연꽃 오일을 넣으면 왁스 온도가 급격하게 떨어지니 너무 오래 젓진 마세요.

1

  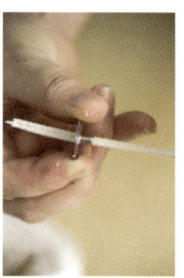

2　　　　　　　　　　　3

5. ④의 왁스를 컨테이너에 붓습니다.
6. 왁스 표면이 뿌옇게 굳으면 심지를 컨테이너 중앙에 꽂습니다.
7. 1~2시간 지나 캔들이 완전히 굳으면 심지를 윗면으로부터 5mm 정도 남기고 자릅니다.

5

4

6

7

ITEM 15

막대
캔들

원하는 길이만큼 얼마든지 길게 캔들을 만들 수 있어요. 많은 왁스를 녹이기 부담스러울 때, 원하는 길이의 몰드가 없을 때 유산지나 쿠킹 포일로도 쉽게 만들 수 있는 캔들이에요. 단, 길이 때문에 휘거나 부러질 수 있으니 가급적이면 경도가 높은 비즈 왁스를 사용하는 것이 좋아요. 완성한 캔들은 갓 구운 바게트처럼 유산지로 둘둘 말아 선물하세요. 마음을 편안하게 만들어주는 파촐리 향이 더해져 신비스러운 느낌까지 들게 합니다. 핼러윈 파티에도 잘 어울려요.

재 료(1개 기준)
비즈 왁스(정제) 100g, 면 심지(3호) 1개,
파촐리 에센셜 오일 1ml,
고체 색소(원하는 컬러) 약간, 유산지,
투명 테이프, 받침대 2개(또는 두꺼운
책 여러 권)

도 구
핫플레이트, 전자저울,
계량스푼, 손잡이 있는
스테인리스 비커, 온도계

○ 종이 몰드의 길이를 늘리기 위해 유산지를 이어 붙일 경우 테이프로 이음매를 꼼꼼히 붙이세요.
○ 쿠킹 포일로 1회용 몰드를 만들 때는 이형제를 뿌린 후 왁스를 부어야 나중에 잘 떨어져요.

HOW TO

1. 유산지에 원하는 형태의 몰드를 도면으로 나타냅니다.
2. 도면대로 잘 접어 1회용 몰드를 만듭니다.
3. 왁스를 부었을 때 가운데가 벌어지지 않도록 완성한 종이 몰드를 양옆으로 받침대를 둡니다.
4. 손잡이 있는 스테인리스 비커에 왁스를 넣고 핫플레이트에 올려 녹입니다.
5. 녹인 왁스에 심지를 코팅합니다.
6. 코팅한 심지를 ㄴ모양으로 접습니다.
7. 녹인 왁스의 온도가 70~75도로 내려갔을 때 고체 색소를 조금씩 넣어가며 원하는 색을 만듭니다.
8. 왁스 온도가 65~70도일 때 에센셜 오일을 넣고 나무 막대로 저어 섞습니다.
9. ⑧을 종이 몰드의 1/2까지 붓습니다. 비커가 몰드에 비해 너무 크면 종이컵을 활용하세요.

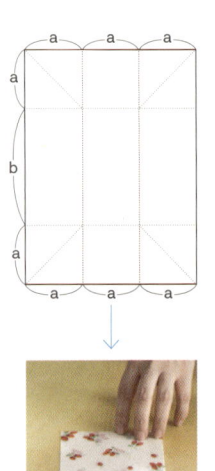

a : 원하는 캔들의 두께
b : 원하는 캔들의 길이

1

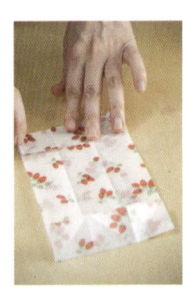
2

3

4

5

6

7

10 15~20분 후 왁스 표면이 굳으면 몰드 가운데에 심지를 올려 살짝 눌러서 고정하세요.
11 왁스 온도가 65~70도일 때 종이 몰드의 남은 공간에 왁스를 붓습니다.
12 2~3시간 정도 지나 캔들이 완전히 굳으면 유산지를 벗겨냅니다.
13 양쪽으로 접힌 심지 중 캔들 윗면으로 사용할 부분은 5mm 정도 남기고, 밑면은 완전히 잘라 정리합니다.

◦ 완성된 막대 캔들은 밑면이 고르지 않아요. 칼로 다듬어 촛대에 끼우거나 무게감 있는 통에 비스듬히 꽂아서 사용하세요.
◦ 촛농이 떨어지는 자리에 미리 종이나 유산지를 깔아두세요. 그래야 청소가 편해요.

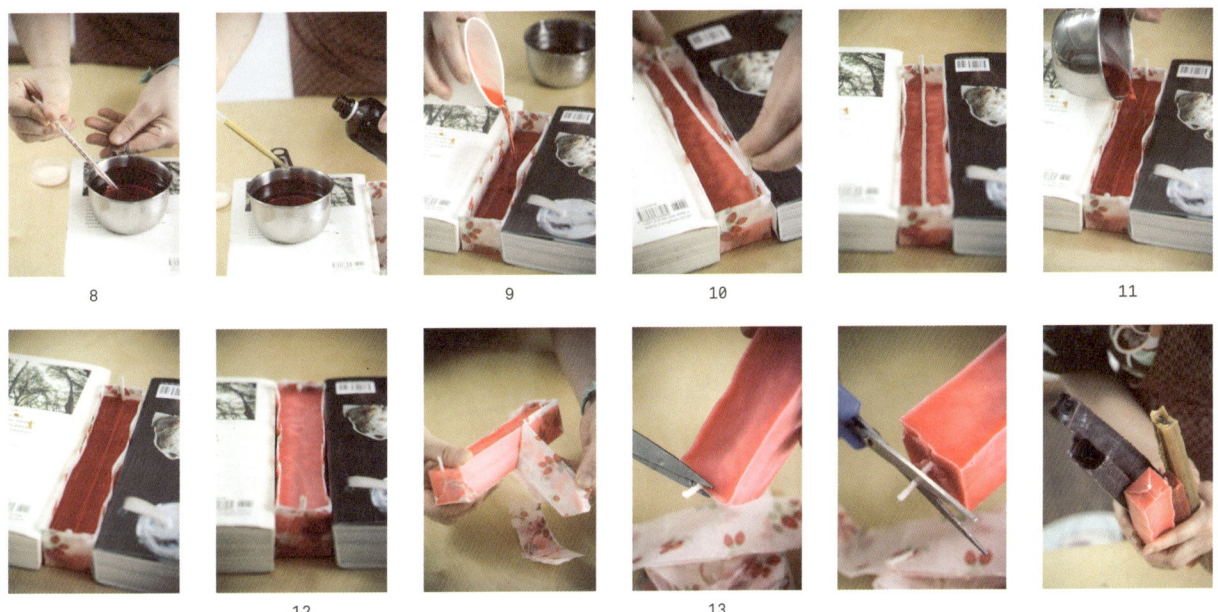

ITEM 16

테이퍼
캔들

비즈 왁스처럼 점성이 있는 왁스라야 만들기 가능한 캔들이에요. 디핑 기법을 사용했어요. 녹인 왁스에 심지를 담갔다 빼기를 수차례 반복하다 보면 캔들에 점점 살이 붙지요. 탄탄하고 매끈한 캔들로 돼가는 과정이 무척 신기하고 재미있어요. 많은 양의 왁스를 녹여야 하는 부담이 있지만 캔들을 만드는 가장 전통적인 방법이니 꼭 도전해보세요. 잘 만들어진 캔들을 손에 감싸 쥐었을 때 전해오는 깊고 부드러운 촉감도 꼭 누려보세요.

재 료(2개 기준)
비즈 왁스(비정제) 약 1.5kg,
면 심지(1호) 50cm 1개
(20cm 캔들 2개 분량)

도 구
핫플레이트, 전자저울, 계량스푼, 손잡이 있는 스테인리스 비커(2000cc 용량) 1개, 온도계, 30cm 깊이로 물을 담을 수 있는 용기 1개, 나무 막대, 문구용 칼

- 디핑 기법은 점성이 있고 빨리 굳는 비즈 왁스를 주로 사용합니다.
- 디핑 중 캔들 끝 심지 없는 부분에 왁스가 엉겨 붙는데 문구용 칼로 수시로 잘라내세요.
- 심지를 길게 늘이면 그만큼 왁스를 녹인 용기도 깊어져야 해요.
- 25cm 이상의 긴 캔들을 원한다면 디핑 기법보다 테이퍼 전용 몰드를 사용하는 것이 좋아요.
- 면 심지 1호로 3~4회 디핑 후 짧게 자르면 귀여운 생일 초가 돼요.

93 | CANDLE

HOW TO

1. 스테인리스 비커에 왁스를 넣고 핫플레이트에 올려 녹입니다.
2. 녹인 왁스에 심지를 코팅합니다.
3. 코팅한 심지를 반으로 접은 후 가운데 부분을 나무 막대에 한두 번 감아 막대와 수직이 되게 합니다.
4. 녹인 왁스를 담은 스테인리스 비커와 같은 양의 찬물을 담은 용기를 나란히 놓습니다. 녹인 왁스의 온도가 65~70도를 유지하도록 합니다.
5. 나무 막대를 잡고 심지를 왁스에 20cm 정도 수직으로 담갔다가 천천히 빼냅니다.
6. 왁스에서 꺼낸 심지를 찬물에 수직으로 넣었다가 천천히 빼냅니다.
7. 심지에 왁스가 고르게 붙고 모양이 일직선을 유지하도록 손으로 매만집니다.
8. 원하는 두께가 될 때까지 ⑤~⑥ 과정을 반복합니다.
9. 캔들이 원하는 두께가 되면 굳기 전에 캔들 밑면을 문구용 칼로 평평하게 다듬습니다. 나무 막대에 감아놓은 심지를 풀고 굳힙니다. 심지를 캔들 윗면에서 5mm 정도 남기고 자릅니다.

○ 한 번에 한 쌍(2개)이 만들어지는 테이퍼 캔들은 심지를 자르지 않은 상태로 선물하면 더 멋스러워요. 사용 시 촛대에 꽂기 전 밑면을 칼로 다듬으세요.
○ 디핑 후 남은 왁스는 종이컵에 나누어 굳혀서 보관했다가 다음에 사용하세요.

95 | CANDLE

ITEM 17

프레스 플라워 캔들

누가 정했을까요? 태어난 해와 달과 생일에 맞는 동물, 보석, 꽃, 별자리. 소중한 나와 우주와 자연을 연결해주는 다양한 상징! 좋아하는 사람이 생기면 탄생화와 꽃말을 알아두세요. 탄생화를 잘 말려 캔들에 꾸미면 정성 가득한 선물이 돼요. 볕 좋은 봄날에는 벚꽃, 진달래, 제비꽃을 만날 수 있고요, 어쩌다 풀숲에서 네 잎 클로버도 찾는다면 기분이 한껏 들뜨죠. 가을에 수집한 단풍잎, 은행잎도 소중한 재료가 될 수 있어요. 프레스 플라워 캔들은 표면을 말린 꽃으로 장식하고 정제 비즈 왁스에 디핑해 만들어요. 디핑하면 꽃이 쉽게 떨어지지 않고 색도 변하지 않아 좋아요. 디핑 직후에는 표면이 뿌옇고 얼룩덜룩하지만 하루 정도 지나면 점차 투명하고 선명해지니 걱정하지 말고요.

재 료(2개 기준)
정제 비즈 왁스(캔들용+디핑용)
약 500g, 면 심지(2호) 1개, 고무찰흙,
프레스 플라워 적당량

도 구
보티브 몰드(혹은 원하는 모양의
PVC 몰드), 핫플레이트, 전자저울,
계량스푼, 손잡이 있는 스테인리스
비커(캔들이 잠길 정도의 깊이),
온도계, 핀셋, 목공 풀, 유산지,
심지 고정 클립

○ 디핑은 1~2회가 적당해요. 3회 이상 하면 꽃이 보이지 않아요.
○ 사용 시 촛농이 흐를 수 있으니 꼭 받침대에 받쳐 사용하세요.

HOW TO

1

3

4

2

1　완성된 캔들이 잠길 정도 깊이의 손잡이 있는 스테인리스 비커에 왁스를 넣고 핫플레이트에 올려 녹입니다.
2　심지 길이는 몰드 높이보다 10cm 정도 길게 준비하세요. 녹인 왁스에 심지를 코팅합니다.
3　심지 구멍에 심지를 끼우고 고무찰흙으로 구멍을 막습니다.
4　몰드 안쪽에 이형제를 뿌립니다.
5　녹인 왁스의 온도가 70~75도로 내려갔을 때 ④의 몰드에 붓습니다. 심지 고정 클립으로 고정합니다.

5

6

7

8

6 캔들이 완전히 굳으면 고무찰흙을 떼어낸 다음 몰드에서 빼냅니다.
7 완성한 캔들 한쪽 면에 꽃을 어떤 식으로 붙일지 구상합니다.
8 구상한 대로 목공 풀과 핀셋으로 프레스 플라워를 붙입니다. 꽃이 들뜨지 않도록 꼼꼼히 붙여야 해요. 목공 풀은 굳으면서 투명해지니 넉넉히 사용하세요.
9 풀이 말라 투명해지면 정제 비즈 왁스의 온도를 72~75도로 맞춥니다.
10 심지를 잡고 왁스에 캔들을 수직으로 담갔다 빼냅니다.
11 2회 디핑 후 유산지 위에 캔들을 올리고 표면이 거의 투명해질때까지 굳힙니다.
12 심지를 윗면으로부터 5mm 정도 남기고 자릅니다.

9　　10　　12

99 | CANDLE

1

2

3

4

나만의 프레스 플라워 만들기

1. 신선한 허브나 꽃의 먼지와 물기를 제거합니다.
2. 유산지를 준비해 날짜를 적습니다.
3. 허브나 꽃을 습자지에 감싸서 두꺼운 책 속에 끼우세요. 허브 줄기가 습기가 많고 두꺼우면 습자지 앞뒤로 압축 패드나 키친타월을 덧끼우세요.
   이때 키친타월은 문양이 없는 것을 사용하세요.
4. 책 위에 무거운 것을 올려둡니다.
5. 한 달 후 습자지를 새것으로 갈고 프레스 플라워와 습자지를 통째로 적당한 크기로 접어 방습제를 넣은 상자에 눕혀서 보관하세요.
   상자 표면에 리스트를 만들어 메모 해두면 더 편리해요.

ITEM 18

핼러윈 호박 랜턴

캔들 만들기에 관심이 있는 사람이라면 물이 든 풍선을 왁스에 디핑하는 모습을 본 적 있을 거예요. 처음 풍선 디핑을 할 때 정말로 심장이 쫄깃해졌어요. 디핑 도중 풍선이 터지지 않을까, 손에 쥔 풍선을 놓치면 어쩌지 하는 생각으로 마구 가슴이 뛰었죠. 풍선은 약간 두께가 있는 것이 좋아요. 정제 비즈 왁스는 넉넉하게 녹여야 하고, 디핑할 용기는 풍선이 쉽게 드나들 수 있도록 입구가 넓은 것이 좋고요. 녹인 왁스에 색소를 풀어 호박색이 되면 이제 디핑할 차례예요. 왁스의 열기로 풍선이 터질 수도 있으니 중간중간 꼭 온도를 체크해야 해요. 아차! 디핑 용기 옆에 유산지나 쿠킹 포일을 깔아두는 것도 잊지 마세요. 디핑 때문에 많은 양의 왁스를 녹여야 하니 한 번 만들 때 여러 개 만들어야 경제적이에요. 자, 이제 시작해볼까요

재 료(1개 기준)
정제 비즈 왁스 1.5kg,
호박색(오렌지색+벽돌색) 고체 색소,
풍선(지름 15cm 파티용) 1개,

도 구
핫플레이트, 전자저울, 계량스푼,
손잡이 있는 스테인리스 비커
(3000cc 용량), 온도계, 물받이 통,
유산지, 문구용 칼

○ 디핑용 스테인리스 비커는 풍선이 드나들 수 있을 만큼 입구가 넓고 디핑 시 왁스가 넘치지 않을 정도로 깊이가 충분한 것을 고르세요.
○ 디핑 직후 왁스 표면이 따뜻할 때 조각해야 표면이 갈라지지 않아요.

HOW TO

1. 손잡이 있는 스테인리스 비커에 왁스를 넣고 핫플레이트 위에 올려 녹입니다.
2. 녹인 왁스의 온도가 70~75도로 내려갔을 때 호박색 고체 색소를 조금씩 넣어가며 원하는 컬러를 만듭니다.
3. 한손에 쏙 들어올 정도로 풍선에 찬물을 채웁니다.
4. 녹인 왁스 옆으로 유산지를 깝니다.
5. 1차 디핑: 녹인 왁스를 70~72도로 유지한 상태에서 풍선 꼭지를 잡고 왁스 속에 2/3 정도 천천히 넣었다 뺍니다. 풍선 아래에 왁스가 고여 있는지 확인한 뒤 다시 디핑합니다. 이를 총 10회 반복합니다. 왁스 표면이 출렁거리지 않도록 천천히 하세요.
6. ⑤를 유산지 위에 조심스럽게 내려놓습니다. 이때 풍선의 무게 중심이 잘 잡히도록 바닥에 살짝 누른 상태로 하면서 손을 떼고 5분 정도 그대로 둡니다.
7. 2차 디핑: 왁스의 온도를 70~72도로 유지하며 같은 방법으로 10회 디핑한 후 유산지 위에 내려놓고 다시 5분 정도 기다립니다.
8. 물받이 통을 받치고 풍선의 꼭지 부분이 아래로 향하게 한 다음 가위로 잘라 풍선 속 물을 빼냅니다.
9. 왁스 안쪽에 있는 풍선을 제거합니다.

10. 왁스 표면에 연필이나 펜으로 핼러윈 호박의 눈, 코, 입 등을 그립니다.
11. 문구용 칼로 조각하고 울퉁불퉁한 입구를 매끈하게 다듬습니다.
12. 랜턴 안에 티라이트를 넣어 사용합니다.

◦ 알루미늄 용기에 담긴 티라이트를 사용하면 랜턴의 밑면이 녹을 수 있어요.

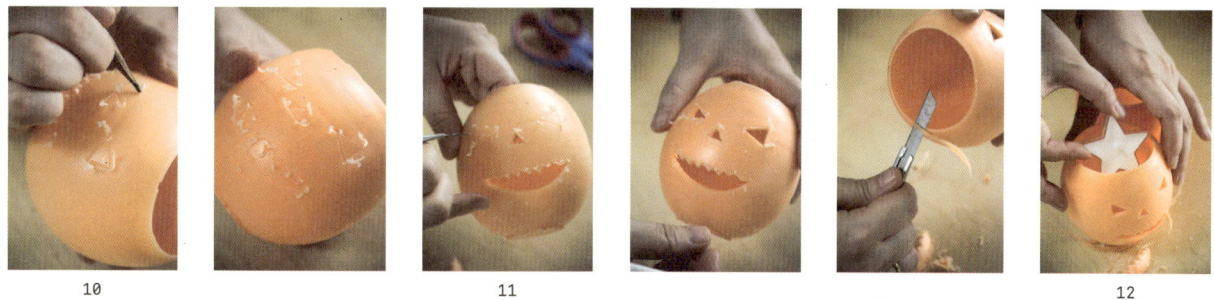

105 | CANDLE

ITEM 19

부엉이
캔들

부엉이는 서양에서는 지혜를 상징하고 동양에서는 부를 상징합니다. 그런데 부엉이를 둘러싼 서로 다른 해석이 어딘지 조화롭다는 생각이 들어요. 무엇이 풍요이고 지혜인지에 대한 원론적인 질문을 던져주기 때문이에요. 지혜와 부를 다루는 균형감이 삶을 풍요롭게 만들어주듯 제라늄 향은 몸과 마음의 균형을 잡아줘요. 지혜와 풍요를 조화롭게 누리라는 바람을 담아 선물하는 부엉이 캔들과 매우 잘 어울리지요. 온도에 따라 무늬가 달라지는 팜 왁스를 사용했어요. 만들 때 온도가 높으면 눈꽃이나 얼음 무늬, 온도가 낮으면 줄무늬나 차돌 질감의 무늬가 생겨요.

제라늄

재 료(1개 기준)
눈꽃 결정 팜 왁스 100g, 면 심지(2호)
1개, 제라늄 에센셜 오일 3ml, 옥색 고체
색소 약간

도 구
부엉이 모양의 실리콘 몰드,
핫플레이트, 전자저울, 계량스푼,
손잡이 있는
스테인리스 비커, 나무 막대, 온도계,
송곳, 심지 고정 클립

1

3

4

5

6

8

7

108 | PLAYING

HOW TO

1. 손잡이 있는 스테인리스 비커에 왁스를 넣고 핫플레이트에 올려 녹입니다.
2. 녹인 왁스에 심지를 코팅합니다.(p.146 참고)
3. 몰드 밑면에 송곳으로 심지 꽂을 구멍을 뚫습니다.
4. 코팅한 심지를 실리콘 몰드에 끼웁니다. 이때 심지가 몰드의 바닥 면으로 1cm정도 나오게 한 후 한쪽 방향으로 접어둡니다.
5. 녹인 왁스의 온도가 70~75도로 내려갔을 때 고체 색소를 조금씩 넣고 나무 막대로 저어가며 원하는 컬러를 만듭니다.
6. 왁스 온도가 60~65도일 때 에센셜 오일을 넣고 잘 섞습니다. 이때는 왁스가 금세 굳을 수 있으니 재빠르게 작업하세요.
7. 왁스 온도가 60~65도일 때 몰드에 붓고 심지 고정 클립으로 심지를 고정합니다.
8. 1~2시간 정도 지나 캔들이 완전히 굳으면 바닥면의 꺾은 심지를 편 다음 몰드에서 빼냅니다.
9. 캔들 밑면의 심지는 짧게 잘라 수평을 맞추고, 윗면의 심지는 5mm 정도 남기고 자릅니다.

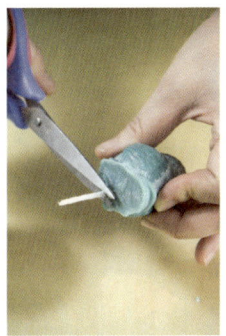

9

- 사용 중 촛농이 흐를 수 있으니 꼭 받침대를 사용하세요.
- 캔들을 만든 직후에는 표면이 깨끗하지만 하루 정도 지나면 흰색 돌꽃이 핀 것처럼 얼룩이 선명해집니다.
- 부엉이 실리콘 몰드는 캔들 재료를 판매하는 곳에서 구입이 가능해요.

ITEM 20

컬러테라피
눈꽃 캔들

컬러테라피를 적용해 만든 눈꽃 문양 캔들이에요. 디퓨저나 캔들을 만들 때 컬러테라피와 아로마테라피는 서로 시너지 효과를 내요. 둘 다 만들려는 목적과 사용하는 사람에 따라 어울리는 색과 향을 고를 수 있어요. 특히나 팜 왁스는 여러 캔들 베이스 중 발색이 선명하고 문양이 아름다워 별다른 멋을 부리지 않아도 그 자체로 훌륭한 캔들이 돼요. 높은 온도 때문에 향을 사용하진 못하지만 색에 담긴 의미와 화려한 무늬만으로도 만족도 높은 캔들이에요.

재 료(1개 기준)
팜 왁스(눈꽃 결정) 300g, 면 심지(3호)
1개, 원하는 컬러의 고체 색소 약간

도 구
알루미늄 몰드(지름 4.5cm), 핫플레이트,
전자저울, 나무 막대, 손잡이 있는
스테인리스 비커, 온도계, 고무찰흙,
심지 고정 클립, 이형제

○ 눈꽃 문양이 선명하게 하려면 몰드는 알루미늄 몰드가 좋아요.
○ 몰드에 붓는 왁스의 온도가 가장 중요해요. 온도를 잘 지키세요.
○ 작업 온도가 높으니 화상에 각별히 주의하세요.

HOW TO

1. 손잡이 있는 스테인리스 비커에 왁스를 넣고 핫플레이트에 올려 녹입니다.
2. 녹인 왁스에 심지를 코팅합니다.
3. 코팅한 심지를 몰드 구멍에 끼우고 틈새를 고무찰흙으로 꼼꼼히 막습니다.
4. 몰드 안쪽에 이형제를 뿌립니다. 꼭 뿌려야 해요.
5. 몰드를 이동시키지 않고 안전하게 굳힐 수 있는 곳에 둡니다.
6. 녹인 왁스의 온도가 95~100도로 내려갔을 때 고체 색소를 조금씩 넣어가며 나무 막대로 저어 원하는 컬러를 만듭니다.
7. 왁스 온도가 95~98도일 때 몰드 입구까지 가득 붓고 심지 고정 클립으로 고정합니다.
8. 하루 정도 지나 캔들이 완전히 굳으면 고무찰흙을 떼어낸 다음 몰드에서 빼냅니다.
9. 캔들 밑면은 수평을 맞추고, 윗면은 심지를 5mm 정도 남기고 자릅니다. 몰드의 바닥면이 캔들 윗면이 되는 것입니다.

1

2

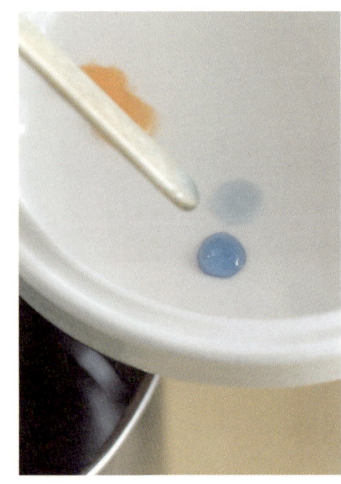

6

3

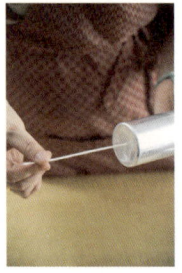

4

5

- 완성한 캔들은 수평이 안 맞을 수 있어요. 이럴 때는 프라이팬을 살짝 달궈 캔들 밑면을 가볍게 문지르면 평평해져요. 또는 고운 사포로 문지르세요. 울퉁불퉁한 정도가 심하면 고무찰흙으로 수평을 맞출 수도 있어요.
- 사용 중 촛농이 흐르니 반드시 받침대를 사용하세요.

7

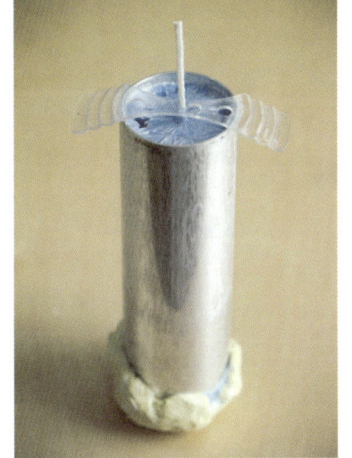

8

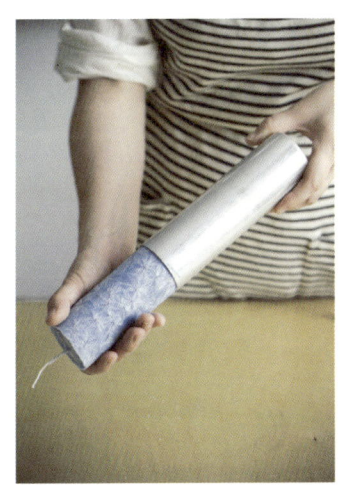

몸과 마음을 행복으로 이끄는 8가지
컬러테라피 조언

───────────────────────────────

● 삶에 열정을 불러일으키는 색으로 혈액순환을 돕고 몸에 활력을 줍니다. 우울과 무기력, 침체에 빠졌을 때 '지금이 바로 움직일 때야!'라는 신호를 주지요. 일의 진도가 잘 나가지 않거나 일상이 지루할 때 적용할 수 있는 색이에요. 부정적인 생각을 없애고 무엇이든 단순하고 쉽게 처리할 수 있도록 돕지요.

어울리는 향 재스민, 로즈, 시나몬, 진저, 펜넬, 시더우드 등

 지성을 상징해요. 지혜와 감정을 흡수하는 색이고요. 인간관계에 문제가 생겼거나 문득 자신이 바보 같다고 느껴질 때 마음에 희망을 주고 기분을 업시키는 색입니다. 또 소화액을 촉진시켜 주방에 잘 어울리는 색이고요. 일조량이 부족한 겨울철에 그레이프프루트의 달콤한 향과 함께 사용하면 우울증을 막고 호기심을 자극합니다. 두뇌 활동을 촉진시켜 아이 공부에도 긍정적인 영향을 주지요. 개업식, 결혼 선물로도 잘 어울리는 색입니다.

어울리는 향 레몬, 레몬그라스, 시트로넬라, 티트리, 베르가모트 등

● 느낌과 감각을 좋게 하고 새로운 환경에 쉽게 적응할 수 있도록 도와줍니다. 주변에 회사를 옮겼거나 이사, 이별 등으로 스트레스 받는 분이 있다면 적극 활용해보세요. 스트레스를 줄이고 변화한 환경에 유연하게 대처할 수 있게 해줘요. 스위트오렌지와 네놀리 향을 더한 캔들을 선물하면 속 깊은 배려가 되겠지요.

어울리는 향 사이프러스, 베르가모트, 샌들우드, 스위트오렌지, 네놀리 등

● 평화와 치유의 컬러입니다. 긴장을 풀어주고 마음을 차분하게 만듭니다. 또한 심장을 튼튼하게 해주고 자연을 연상케 해 휴식을 취할 수 있도록 도와줍니다. 거실처럼 잠시 쉬는 공간에 사용하기 좋지요.

어울리는 향 로즈우드, 페퍼민트, 네놀리, 제라늄, 라벤더, 베르가모트, 팔마로사 등

● 정직과 믿음을 연상시키는 색이에요. 친분이 덜하거나 취향이 까다로운
사람에게 선물할 때 파란색을 선택해보세요. 편안함과 신뢰를 주기에 좋은
색이에요. 레몬·페퍼민트 향을 함께 사용하면 체중 조절에도 도움이 돼요.
일상이 지루하다고 느껴질 때 몸과 마음을 보다 가볍게 변화시킬 수 있어요.

어울리는 향 레몬, 페퍼민트, 스피어민트,
저먼 캐머마일, 로만 캐머마일, 마조람, 로즈메리,
파인, 사이프러스, 만다린 등

신경통, 불면증, 편두통에 효과적인 색이에요. 통증을 완화하고 혈압을 안정시키며 답답한
가슴을 진정시킵니다. 파촐리 향을 더한 청록색 캔들을 잠시 켜두면 몸도 마음도 금세
편안해지는 것을 느낄 수 있어요. 또한 원룸처럼 좁은 공간에선 공간을 넓고 시원하고 생기 있게
느끼도록 만들어줍니다. 창조적인 업무를 하는 사람과도 잘 어울려요. 뇌를 말랑말랑하게 만들어
자유롭게 상상하고 유연하게 생각할 수 있도록 도와줍니다.

어울리는 향 제라늄, 티트리, 로즈메리,
시더우드, 샌들우드, 파촐리 등

명상과 자기 성찰의 컬러입니다. 감정을 정화하고 마음을 편하게 이끌어주지요. 자존감을
높이는 컬러이기도 해요. 자존감이 높다는 것은 스스로를 귀하게 여기는 것이죠. 우선 나를 남과
비교하지 말고 있는 그대로의 자신을 받아들여야 해요. 내가 나를 축복하고 사랑할 때 남의
시선과 평가로부터 자유로워질 수 있어요. 거울 앞에 앉아 라벤더 향 나는 보라색 캔들을 켜고
자신과 마주해보세요. 스스로 빛나는 보석이라는 사실을 깨닫게 될 거예요.

어울리는 향 라벤더, 네놀리,
프랭킨센스, 팔마로사, 로즈우드,
제라늄 등

진한 분홍빛 사랑의 색으로 곁에 두기만 해도 근심과 걱정이 줄어듭니다. 다툼을
피하고 싶을 때, 화해와 용서를 구하고자 할 때 도움이 돼요. 주변에 사춘기
또는 갱년기를 겪는 분이 있다면 우울을 날려주는 클라리 세이지나 제라늄
향이 더해진 달달한 마젠타 캔들을 선물해보세요. 침울한 마음이 차차 밝아지고
감정의 기복도 안정돼 삶이 다시 로맨틱한 핑크빛을 띠게 될 거예요.

어울리는 향 팔마로사, 클라리 세이지,
일랑일랑, 베르가모트, 네놀리, 페티그레인,
재스민, 로즈, 제라늄, 만다린 등

SPECIAL

AROMA DEFFUSER

CLASS

너무 진해도 싫습니다.
너무 특별해도 싫습니다.
무조건 좋을 줄 알았는데
막상 강하거나 새로운 향기 앞에선 나도 모르게
거부감이 생기기도 합니다.
살아오는 동안 어딘가에서 느껴본 듯한,
혹은 한 번쯤 경험해보고 싶었던
정도면 좋습니다. 드러나지 않지만 느낄 수 있고,
자각했을 때 기분 좋아지는 그런 향기.
문득 행복하다고 말하고
싶은 아주 특별한 디퓨저 수업.

SPECIAL

118 | PLAYING

C L A S S

천연 향료인 에센셜 오일, 혹은 자연의 재료로 향을 낸 디퓨저입니다.

모든 재료가
천연 화장품을 만들 때
사용하는
재료로 피부에 닿아도
안전합니다.

디퓨저 베이스는 직접 만들지 않고 시판하는 것을 구입해도 됩니다.

아로마 에센셜 오일 1g=1ml=20방울입니다. 계량스푼이나 1회용 스포이트로 계량하세요.

레몬그라스 디퓨저 &센터피스

레몬그라스 에센셜 오일은 향을 맡는 것만으로도 몸에 좋습니다. 레몬그라스의 향을 구성하는 알데히드 성분이 몸에서 면역, 재생, 해독을 관장하는 부교감 신경을 활성화시키고 소화를 촉진하며 긴장을 풀어 컨디션을 좋게 만들지요. 거동이 불편한 환자나 나이 많은 어르신이 지내는 공간에 특히 좋아요. 공기 정화 능력이 뛰어나고 벌레 퇴치 기능도 있어 일상생활에서 활용도가 매우 높습니다. 널찍한 용기와 리드도 넉넉히 담아 디퓨저 겸 센터피스를 만들었어요. 식탁 위에 놓거나 가끔씩 벌레가 출몰하는 가구와 가구 사이, 벽과 소파 사이에 두면 늘 청결한 공간을 유지할 수 있어요.

레몬그라스

재료(100ml 기준)
식물성 에탄올 50g, 솔루빌라이저 20g, 글리세린 20g, 에센셜 오일(레몬그라스 5ml+스위트오렌지 5ml) 10ml, 입구 넓은 용기, 같은 길이로 자른 천연 갈대(용기를 가득 채울 분량), 뾰족한 용기(디퓨저 보관용)

스위트오렌지

한 가지 오일만 사용하고 싶다면 레몬그라스 에센셜 오일을 권합니다.

도 구
전자저울, 유리 비커, 계량스푼, 고무 주걱

○ 글리세린은 같은 분량의 정제수로, 천연 갈대는 스틱형 리드로 대체 가능해요.

HOW TO

1. 물기가 없는 깨끗한 비커에 에센셜 오일을 넣습니다.
2. 에센셜 오일에 솔루빌라이저를 넣고 고무 주걱으로 잘 섞습니다.
3. ②에 식물성 에탄올을 넣고 잘 섞습니다.
4. ③에 글리세린을 넣고 잘 섞습니다.
5. ④의 디퓨저 용액을 뾰족한 용기에 담습니다.
6. 디퓨저 컨테이너에 준비한 갈대를 빼곡하게 꽂습니다.
7. ⑥에 만들어놓은 디퓨저 용액을 자작하게 붓습니다.

○ 집에 흔히 있는 온더록스 잔에 짧게 자른 리드를 빽빽하게 꽂아도 발향력 좋은 디퓨저가 됩니다.
○ 디퓨저 용액은 자작할 정도가 되게 조금씩 자주 보충하세요.

123 | CANDLE

로즈메리 디퓨저

학생 자녀를 둔 부모는 늘 자녀의 공부가 걱정이지요. 한 번쯤은 서로에게 도움 안 되는 잔소리는 꾹 참고 사랑하는 마음을 담아 로즈메리 디퓨저를 만들어 책상 한편에 올려두세요. 로즈메리와 페퍼민트 향에 담긴 케톤 성분이 중추 신경을 자극하여 뇌 활동을 촉진시켜 졸음을 막고 집중력도 좋게 합니다. 특히 로즈메리 에센셜 오일 향은 치매 예방에도 좋습니다.

로즈메리

페퍼민트

재료(100ml 기준)
IPM(이소프로필미리스테이트) 40g,
DPG(디프로필렌글라이콜) 20g,
에탄올 30g, 에센셜 오일(로즈메리
5ml+페퍼민트 5ml) 10ml, 초록색
식용 색소(혹은 글리세린 색소) 아주 조금,
신선한 로즈메리 허브 약간,
나무 리드 5~10개

도 구
전자저울, 유리 비커, 계량스푼,
고무 주걱, 이쑤시개

○ 한 가지 오일만 사용하고 싶다면 로즈메리 에센셜 오일을 권합니다.

HOW TO

1

2

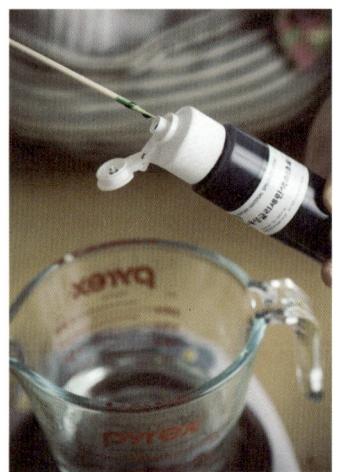

3

◦ 책상 주변이나 침대 머리맡에 놓는 디퓨저는 향이 강하면 오히려 불편할 수 있어요. 공부하다가 졸음이 몰려온다면 우선 창문을 열어 환기하고 신선한 공기와 함께 로즈메리 디퓨저 향을 듬뿍 맡아보세요.

1   물기가 없는 깨끗한 비커에 에센셜 오일을 넣습니다.
2   ①에 IPM과 DPG를 넣어 잘 섞습니다.
3   이쑤시개 끝 부분에 초록색 식용 색소를 살짝 찍은 후 ②의 디퓨저 용액에 조금씩 넣어가며 은은한 초록색을 만듭니다.
4   용기에 디퓨저 용액을 붓고 허브를 넣은 후 리드를 꽂습니다.

4

ITEM 23

드라이 허브 디퓨저

말린 허브는 그 자체로 아주 좋은 디퓨저의 리드예요. 휴식을 취할 때는 향조차도 신경 쓰일 수 있잖아요. 그래서 드라이 허브에 에센셜 오일 3~4방울만 더해 은은하게 만들었어요. 잠시 쉬고 싶을 때 편안한 곳에 자리를 잡고 허브 차 한잔 마시듯 허브가 담긴 용기의 뚜껑을 열어 향을 음미해보세요. 짧지만 깊은 휴식을 취할 수 있어요. 에센셜 오일은 라벤더, 레몬, 스위트오렌지, 베르가모트, 일랑일랑, 제라늄, 로즈메리, 페퍼민트, 파인 등 원하는 무엇이든 상관없어요. 한 가지만 추천받고 싶다면 레몬 오일을 권합니다.

재료
레몬을 잘라 말린 것
(또는 드라이 허브) 1줌, 원하는 향의
에센셜 오일 3~4방울,
뚜껑 있는 투명한 유리 용기

취향대로 고른 에센셜 오일

    1   2   3

1   뚜껑 있는 유리 용기에 잘 말린 드라이 허브를 보기 좋게 담습니다.
2   드라이 허브 위에 에센셜 오일 원액을
         3~4방울 떨어뜨립니다.
3   잠시 눈을 감고 천천히 향을 음미하세요.
         향을 맡은 후에는 용기의 뚜껑을 닫습니다.

○ 말린 레몬뿐 아니라 솔방울, 산호초, 허브 건초, 조개껍데기 등도 디퓨저의
   리드로 사용할 수 있어요.

오레가노 소이 쿠키

모양이 쿠키 같아 '소이 쿠키' 또는 '소이 타르트'라고 해요. 스위트마조람 향은 불면증 개선에 좋아요. 피곤한데 쉽게 잠이 들지 않을 때, 생리통이나 갱년기 불면증으로 고생할 때 편히 잠들 수 있도록 도와주지요. 따뜻한 우유 한 잔 마시고 향기를 음미해보세요. 나도 모르는 어느 사이, 달콤하고 따뜻한 마조람 향을 타고 깊은 수면에 빠져들게 될 거예요. 잘 자요. 오늘 하루 고생 많았어요.

스위트마조람

재료(50g 기준)
필라용 소이 왁스(또는 골든 소이 왁스 416) 50g, 에센셜 오일(스위트마조람 3ml+클라리 세이지 2ml+스위트오렌지 1ml) 6ml

클라리 세이지

스위트오렌지

도 구
얼음 트레이(혹은 쿠키용 실리콘 몰드), 핫플레이트, 전자저울, 계량스푼, 손잡이 있는 스테인리스 비커, 온도계, 나무 막대

◦ 한 가지 오일만 사용하고 싶다면 스위트마조람 에센셜 오일을 권합니다.
◦ 스위트마조람은 오레가노라고도 불러요.

HOW TO

1

2

3

1 손잡이가 있는 스테인리스 비커에 왁스를 넣고 핫플레이트 위에 올려 녹입니다.
2 녹인 왁스의 온도가 50~55도로 내려갔을 때 에센셜 오일을 넣고 나무 막대로 충분히 젓습니다.
3 ②를 몰드에 붓습니다.
4 3~4시간 후 왁스가 완전히 굳으면 몰드에서 꺼냅니다.
5 완성된 소이 쿠키를 유리병에 넣어 보관합니다.

◦ 아로마 램프에 소이 쿠키 한두 조각을 올린 후 그 열기로 쿠키를 녹이세요.
  쿠키가 거의 다 녹으면 티라이트를 끄고 향기를 음미하세요.
◦ 램프가 없다면 뜨거운 물을 담은 종이컵에 쿠키 1~2조각을 띄워 사용할 수 있어요.
◦ 매일 밤 사용하면 아침에 일어나기 힘들 수 있으니 잠이 안 올 때만 사용하세요.
  여행할 때 챙겨 가면 낯선 곳에서도 숙면할 수 있어요.

4

5

로즈 소이 오너먼트 디퓨저

소이 왁스에 팔마로사와 로즈 제라늄, 로즈우드 향을 넣고 만든 오너먼트 디퓨저예요. 은은한 들장미를 연상시키는 향은 조급증이나 우울증을 없애고 일상을 느긋하게 해줘요. 인테리어 소품으로, 혹은 선물용으로도 아주 좋아요.

재료(1개 기준)
필라용 소이 왁스(또는 골든 왁스 416) 100g, 에센셜 오일(팔마로사 6ml, 로즈 제라늄 3ml, 로즈우드 1ml) 10ml, 말린 미니 장미 1~2송이, 스트로 1개, 끈

팔마로사

로즈 제라늄

로즈우드

도 구
실리콘 몰드(또는 우유 팩), 핫플레이트, 전자저울, 스테인리스 계량컵, 온도계, 계량 스푼, 나무 막대

○ 실리콘 몰드 대신 우유 팩을 잘라 사용해도 됩니다.
○ 스트로를 너무 가장자리에 꽂으면 제거할 때나 매달아 사용할 때 부서질 수 있으니 살짝 안쪽으로 꽂으세요.
○ 왁스에 허브를 심을 때는 허브 한 부분이 왁스에 충분히 잠겨야 해요.

HOW TO

1   손잡이 있는 스테인리스 비커에 왁스를 넣고 핫플레이트에 올려 녹입니다.
2   녹인 왁스의 온도가 50~55도로 내려갔을 때 에센셜 오일을 넣고 잘 섞습니다.

1

2

3

3   ②를 몰드에 붓고 왁스가 뿌옇게 굳기를 기다립니다.
4   스트로를 적당한 길이로 잘라둡니다.
5   뿌옇게 굳은 왁스 위에 허브를 예쁘게 심고 끈 구멍이 될 위치에 스트로를 수직으로 꽂습니다. 3~4시간 정도 완전히 굳힙니다.

7　　　　　　　　8

6　　오너먼트를 몰드에서 빼냅니다.
7　　스트로를 살살 돌려가며 빼내거나 튀어나온 부위만 짧게 자릅니다.
8　　구멍에 끈을 넣고 잘 묶습니다.

○ 완성한 디퓨저는 침대맡에 걸어두거나 유산지로 싸 옷 서랍에 넣어두세요.
○ 여름철 창가나 차 안에 두면 왁스가 녹을 수 있으니 피하세요. 시간이 지나 향이 약해지면 다시 녹여 에센셜 오일을 첨가한 뒤 굳히세요.

4　　　　　　　　5　　　　　　　　6

139 | CANDLE

아로마 램프와 7가지 테라피 드롭
블렌딩

아로마테라피를 가장 쉽고 효과적으로 누리는 방법은 아로마 램프를 사용하는 것입니다. 이때 원하는 에센셜 오일을 한 가지만 사용해도 되지만, 비슷한 효과를 가진 에센셜 오일들을 함께 섞어 사용하면 더욱 효과적이에요. 이렇게 블렌딩한 에센셜 오일은 그늘지고 서늘한 곳에서 보관하고, 6개월 이내에 사용하세요.

도 구
1회용 스포이트, 에센셜 오일용
유리 용기(5ml)

스위트오렌지 3ml(60방울) + 베르가모트 2ml(40방울)
기분을 상큼하게 바꿔줘요

만다린 2ml(40방울) + 라벤더 1ml(20방울) + 클라리 세이지 2ml(40방울)
웃음이 사라졌을 때 필요해요

라벤더 4ml(80방울) + 진저 1ml(20방울)
두통을 진정시켜요

클라리 세이지 4ml(80방울) + 제라늄 1ml(20방울)
갱년기 우울증과 불면증에 도움이 돼요

일랑일랑 2ml(40방울) + 라벤더 3ml(60방울)
화를 줄이고 마음을 편하게 해줘요

시트로넬라 3ml(60방울) + 레몬 2ml(40방울)
벌레를 쫓아줘요

네놀리 3ml(60방울) + 팔마로사 1ml(20방울) + 프랭킨센스 1ml(20방울)
세상에 단 한 명뿐인 소중한 나, 자존감을 높여줘요

1 스포이트 병을 물에 헹궈 바싹 말리세요.
2 일회용 스포이트로 에센셜 오일을 계량해 에센셜 오일용 유리 용기에 넣습니다.
3 마개를 닫고 가볍게 흔든 뒤 라벨링합니다.
4 3~4일 숙성 후 램프에 사용합니다.

사용할 때는

5 아로마 램프에 물을 채우고 조그만 티라이트에 불을 붙입니다.
6 서서히 물이 데워지면 미리 만들어둔 테라피 드롭을 3~4방울 떨어뜨리고 티라이트는 끕니다. 그런 다음 은은하게 퍼지는 향을 음미하세요.

———————————————— ETC. ————————————————

SUPPLEMENTARY LESSON

ETC.

책을 보면서 몇 개만 시도해보면
누구나 쉽게 캔들을 만들 수 있어요.
그중에서 재료를 구하고
심지를 코팅하고 코팅한 심지를
설치하고 왁스를 녹이고,
이런 반복되는 몇 가지 기본 스킬만
제대로 안다면 다양한 응용도 가능하지요.
초보자를 위한 보다
친절한 캔들 DIY 보충 수업.

재료를 구할 때

방산시장이나 인터넷 쇼핑몰을 이용하세요 인터넷 쇼핑몰을 이용하거나 방산시장에 가도 구할 수 있어요. 방산시장은 캔들뿐 아니라 천연 비누, 천연 화장품, 베이커리용품, 각종 포장 도구에 이르기까지 핸드메이드에 관한 물품은 거의 다 취급하는 곳이지요. 캔들 만들기에 도전하겠다면 꼭 한번쯤 방문해보기를 권합니다. 방문 전 미리 인터넷 쇼핑몰에서 필요한 도구와 재료에 관한 정보를 확인한 후 서로 비교해보면 더 도움이 될 거예요.

찾아가는 법
2·5호선 을지로4가역 4·5·6번 출구, 1호선 종로5가역 7번 출구

운영 시간
평일 9:00~19:00,
토요일 9:00~17:00 (일요일 휴무)

홈페이지
www.bangsanmarket.net

인터넷 인기 쇼핑몰

www.whatsoap.co.kr
왓솝

www.candleshine.co.kr
캔들샤인

www.candleworks.co.kr
캔들웍스

www.gelcandleshop.co.kr
젤캔들샵

www.packagecart.co.kr
Mr.포장마차

www.soapschool.co.kr
에코팩토리

www.sweetpack.co.kr
스윗트팩

www.indigoshop.co.kr
인디고샵

www.boxalpen.com
박스알핀

캔들 만들 때

왁스 녹이기 손잡이가 있는 스테인리스 비커에 왁스를 계량한 후 핫플레이트에 올려 녹입니다. 약한 열기로 천천히 녹이고, 왁스를 핫플레이트에 올려둔 상태에서는 절대 자리를 뜨면 안 돼요. 자칫 깜박하는 사이에 왁스가 지나치게 과열돼 연기가 피어오를 수 있거든요. 너무 뜨겁게 데운 왁스는 식혀서 사용하세요.

면 심지 사용하기
―――――――――――――

면 심지는 꼿꼿해야 캔들 만들 때 작업이 편리하고, 심지가 왁스를 충분히 머금었을 때 연소가 시작되므로 코팅해서 사용하는 것이 좋아요. 코팅된 심지도 있지만 대부분의 면 심지는 코팅이 안 돼 있으니 사용 전에 꼭 확인하세요.

1

2

3

면 심지를 코팅하기
―――――――――――――

1   손잡이 있는 스테인리스 비커에 왁스를 넣고 핫플레이트에 올려 녹입니다.
2   심지를 컨테이너 길이에 맞춰 자릅니다.
3   준비한 면 심지를 녹은 왁스에 푹 잠기도록 넣습니다.

4 심지에서 보글보글 기포가 올라오다가 멈추면 나무젓가락으로 건져냅니다.
5 젓가락으로 심지를 심지 주변에 묻은 왁스를 깔끔하게 정리합니다.
  키친타월이나 티슈로 심지 주변에 묻은 왁스를 한 번 더 닦아 정리하면 좋습니다.
  아주 뜨거우니 화상 입지 않도록 조심하세요.
6 평평한 바닥에 잘 펴서 빳빳하게 굳힙니다.

코팅한 면 심지를 컨테이너에 설치하기

---

1   왁스에 코팅한 심지를 준비합니다.
2   심지를 심지 탭의 가운데 구멍에 끼웁니다.
     위쪽으로 심지를 빼내 탭 밑으로 심지가 살짝만 걸리도록 남겨둡니다.
3   심지 탭의 목 부분을 롱 노즈 니퍼로 꽉 집어 심지가 빠져나가지 않도록 고정합니다.
     목 윗부분을 집어야 탭이 휘지 않아요.
4   심지 탭 아래에 심지 고정 스티커를 붙입니다.
5   컨테이너 중앙에 단단히 붙여 고정합니다.

1

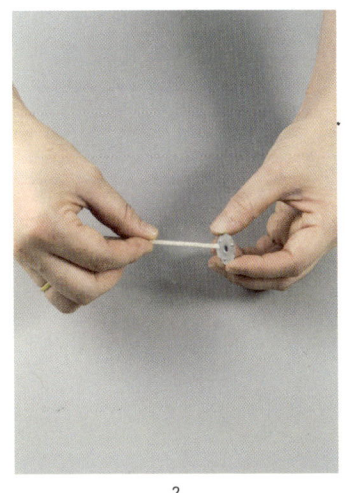

2

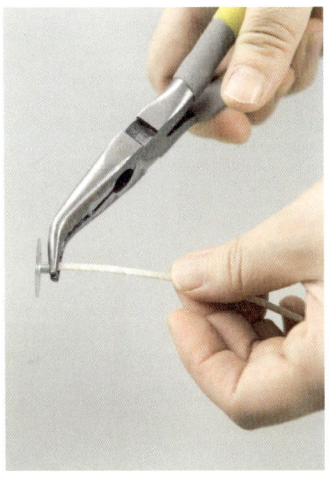

3

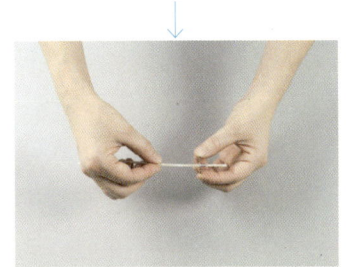

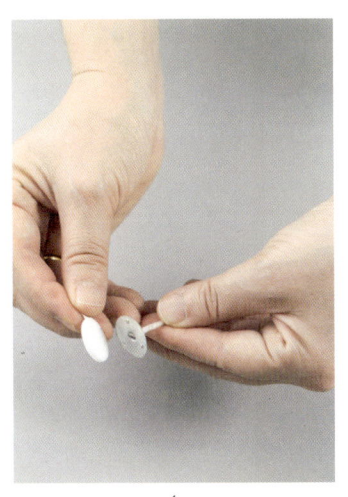

4

5

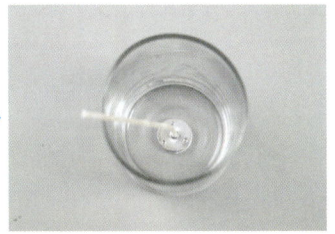

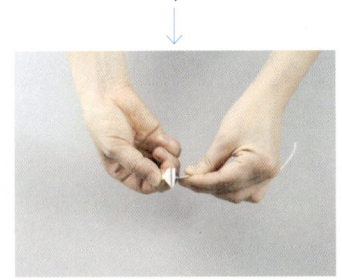

149 | CANDLE

코팅한 면 심지를 몰드에 설치하기

1 코팅한 심지를 몰드의 심지 구멍에 넣습니다.
2 고무찰흙으로 심지 구멍의 틈새를 꼼꼼히 메웁니다.

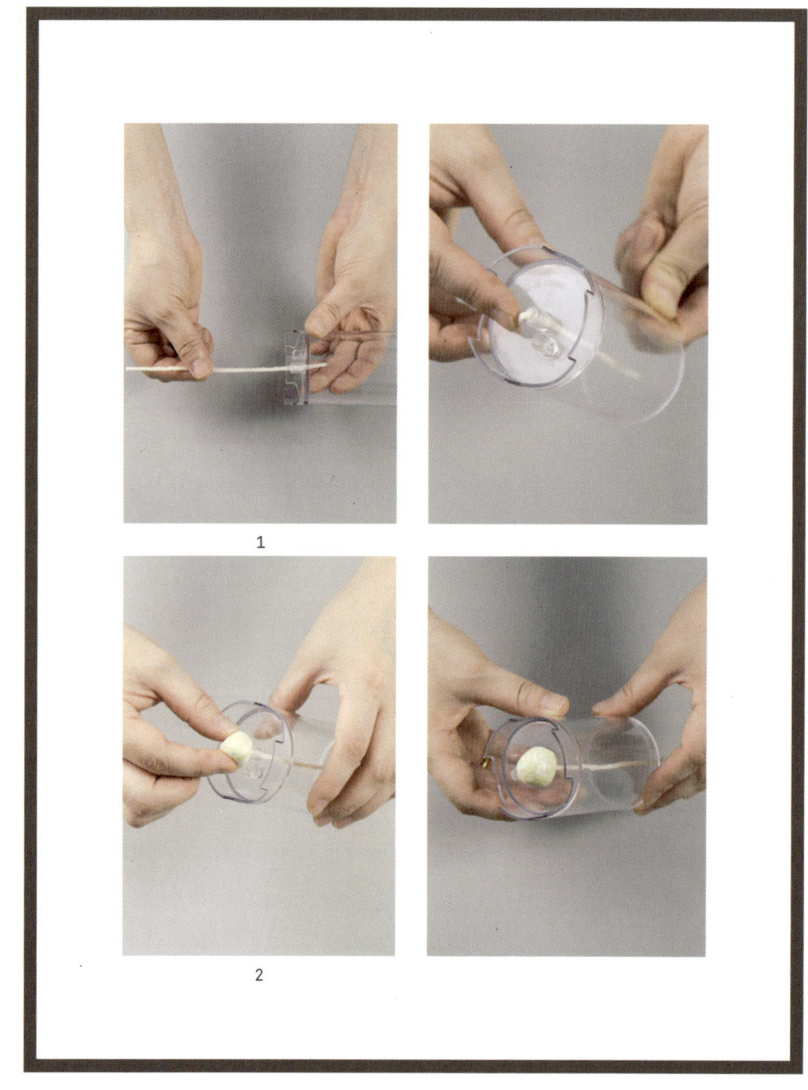

나무 심지를 사용할 때

나무 심지는 코팅하지 않습니다. 바로 심지 탭에 끼워 컨테이너에 설치합니다.
캔들을 처음 사용할 때는 라이터로 심지 주변의 왁스를 약간 녹여 왁스가 나무 심지에 스며들도록 한 후 불을 붙여야 심지에 촛불이 잘 붙습니다.

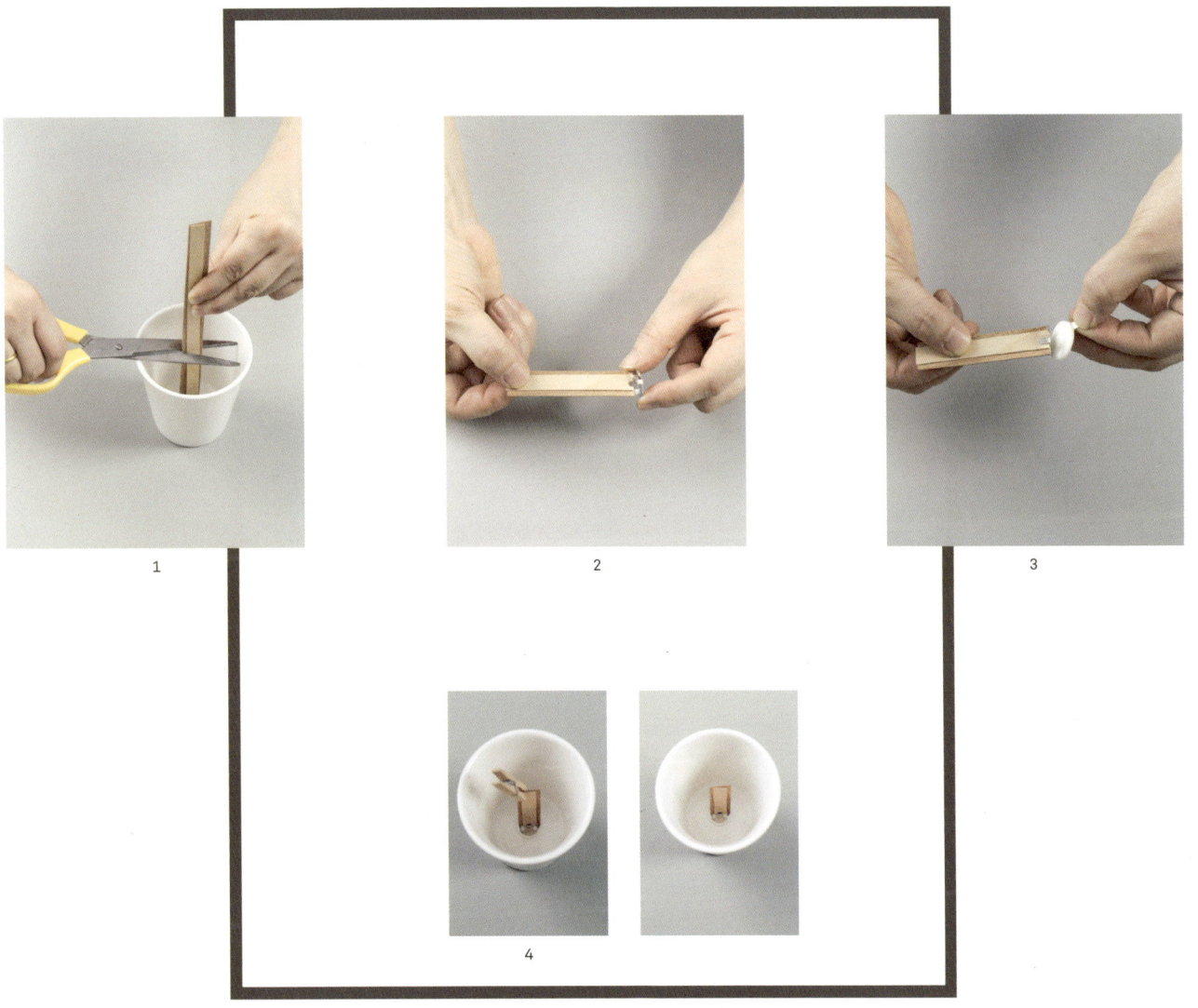

1   컨테이너 안에 나무 심지를 세우고 용기 높이보다 1cm 정도 짧게 자릅니다.
2   자른 나무 심지를 나무 심지용 심지 탭에 끼웁니다.
3   심지 탭 아래에 심지 고정 스티커를 붙입니다.
4   컨테이너 중앙에 단단히 붙여 고정합니다.

캔들과 디퓨저를
사용할 때

1. 바람이 없는 공간에서 사용하거나 바람막이(캔들 셰이드)를 이용합니다. 공기가 잘 통하지 않으면 그을음이 생길 수 있으니 바람막이 아랫부분에 작은 바람구멍이 있는지 확인하세요. 티라이트의 경우 유리컵을 홀더로 이용해도 좋아요.
2. 욕실에 켜두면 가장 좋아요. 여름엔 습기를 조절하고 겨울엔 실내 공기를 따뜻하게 해줘요.
3. 일부 컨테이너 캔들과 티라이트 캔들은 용기가 뜨거워져서 옮길 때 불편할 수 있어요. 받침대 위에 올려 사용하거나 장갑을 끼고 옮기세요.
4. 캔들은 연소할 때 공기 중의 산소를 빼앗아가요. 천연 캔들을 사용한다 해도 30분 단위로 환기하는 것을 잊지 마세요.
5. 집 안에 냄새가 배어 있거나 아기, 반려동물이 있다면 향 없는 캔들을 사용하세요. 음식 냄새 등 생활 속에서 발생하는 나쁜 냄새를 잡아줘요.
6. 사용하고 남은 캔들은 다시 녹여 재활용하세요. 종이와 종이 사이에 녹인 왁스를 조금 넣고 천으로 덮어 다림질하면 유산지가 되고요, 구멍 난 방충망이나 가구의 벌어진 틈에 부드러운 소이 왁스를 문질러 메울 수도 있어요.
7. 왁스나 캔들에 물이나 기름이 들어가면 녹을 때 튀어 올라 화상을 입을 수 있어요. 물에 노출되었다면 바람이 통하고 그늘진 곳에 충분히 말린 다음 사용하세요.
8. 눈에 보이는 곳에서 캔들을 사용하세요.

1. 디퓨저를 아래에 둘수록 향이 잘 퍼져요.
2. 가스레인지 옆, 캔들 근처 등에는 두지 마세요. 화재 위험이 있어요.
3. 리드가 꽂혀 있을 때 용기 면적을 고려해 놓을 장소를 정하세요.
4. 지속적으로 향에 노출된 곳이라면 리드의 개수를 줄이거나 마개 달린 디퓨저 용기를 사용해 향의 강도를 조절하세요.
5. 사람이 자주 드나드는 곳에 두면 넘어뜨릴 수 있으니 피하세요. 욕실 역시 습기 때문에 용기가 미끄러지거나 용액이 탁해질 수 있어요.
6. 직사광선이나 강한 전등 아래선 향이 변질되고 빨리 손실될 수 있어요. 이런 곳에는 도자기 컨테이너를 사용하세요.
7. 어린아이나 애완동물이 있는 공간에서는 강한 향을 삼가세요.
8. 리드에 먼지나 오염 물질이 있으면 발향력이 떨어져요.
9. 사용 중 발향이 약하다 싶으면 추가로 리드를 꽂거나 새것으로 교체하세요. 또는 용기를 흔들어주거나 용액이 줄어든 만큼 에탄올을 넣으세요.
10. 디퓨저 용액이 피부에 닿으면 알레르기 반응을 일으킬 수 있어요. 손으로 만지지 않는 것이 좋아요.
12. 향이 아깝더라도 환기를 자주 하는 것이 발향에 더 도움 돼요.
13. 사용한 디퓨저 용기는 깨끗이 닦아 바싹 말린 후 다시 사용하세요.
14. 리드는 재활용하지 마세요. 향이 섞여 원치 않는 냄새가 될 수 있고, 디퓨저 용액을 더럽히거나 발향이 안 될 수도 있어요.
15. 사용한 리드는 짧게 잘라 휴지나 천에 싸서 서랍이나 신발 속에 넣어두면 리드에 밴 향을 알뜰하게 사용할 수 있어요.

아로마 캔들 만들 때 적합한
에센셜 오일과 효능

캔들을 만들 때 한 가지 에센셜 오일만 사용해도 되지만, 비슷한 효능을 가진 에센셜 오일을 골라 블랜딩해서 사용하면 시너지 효과를 누릴 수 있어요.

A GROUP (80%)

라벤더 두통·우울증 완화, 불면증 예방, 릴랙싱, 편안한 기분
시더우드 감기 예방, 피로 해소, 릴랙싱, 숲속에 있는 기분
로즈우드 릴랙싱, 편안하고 로맨틱한 기분
레몬그라스 건강 회복, 혈압 안정, 냄새 제거, 벌레 퇴치
로즈메리 두통·호흡기 질환 완화, 기억력 증강, 졸음 퇴치, 두통 완화
바질 호흡기 질환 완화, 피로 해소, 냄새 제거
제라늄 심신 안정, 혈압 안정, 벌레 퇴치, 기분 전환
캐머마일 저먼 진정 작용
클라리 세이지 갱년기 우울증·화병 완화, 릴랙싱, 불면증 예방, 산후 조리
네롤리 항우울 효과, 심장 기능 강화
페티그레인 진정 작용, 우울증 완화, 편안한 기분
팔마로사 기분 전환, 항우울 작용
베르가모트 감기 예방, 두통·우울증 완화
스피어민트 활력 증강, 소화 촉진, 탈취, 집중력 강화
스타아니스 감기 예방, 소화 촉진
메이창 감기 예방, 면역력 증강, 기분 전환, 벌레 퇴치

B GROUP (20%)

진저 두통 완화, 감기 예방, 소화 촉진
팬넬 감기 예방, 식욕 촉진, 소화 촉진
미르 명상, 기도, 요가
파촐리 진정 작용, 벌레 퇴치, 릴랙싱
클로브 버드 감기 예방, 소독, 활력 증강
일랑일랑 화병·우울증 완화, 릴랙싱, 로맨틱한 기분
재스민 화병·우울증 완화, 릴랙싱, 로맨틱한 기분
샌들우드 우울증 완화, 진정 작용, 불면증 예방, 기도, 명상, 요가
시나몬 바크 감기 예방, 벌레 퇴치, 활력 증강
베이 피로 해소
블랙페퍼 활력 증강, 소화 촉진
베티베르 릴랙싱, 우울증 완화, 피로 해소, 불면증
로즈 앱솔루트(또는 로즈 콘크리트) 우울증 완화, 여성 질환, 순환기 향상, 면역력 증강

아로마 캔들 만들 때 적합하지 않은 에센셜 오일과 효능

만다린, 스위트오렌지 기분 전환, 감기 예방
레몬 면역력 증강, 감기 예방, 항바이러스
그레이프루트 기분 전환, 우울증 완화, 독소 제거, 숙취 해소
로만 캐머마일 기침, 천식, 두통
사이프러스, 파인 공기 정화, 피로 해소
시트로넬라 벌레 퇴치, 기분 전환
페퍼민트 기분 전환, 소화 촉진, 빈혈 개선
티트리 감기 예방, 면역력 증강, 항바이러스, 감기 재발 억제
유칼립투스 호흡기 질환 완화, 비염 증세 개선, 감기 예방, 면역력 증강

아 로 마 캔 들 만 들 때 적 합 하 지 않 은 에 센 셜 오 일 활 용 법

- 캔들 워머용 캔들에 넣어 연소 과정 없이 사용합니다.
- 소이 쿠키나 소이 타르트 형태의 디퓨저로 만들어 사용합니다.
- 컨테이너 캔들에 충분한 멜팅 풀이 형성되면 촛불을 끄고 촛농에 떨어뜨려 사용합니다.
- 드라이 허브 디퓨저나 아로마 램프에 떨어뜨려 사용합니다.

초보자를 위한 실전 에센셜 오일 블렌딩법

1 만들려는 캔들의 효능과 효과를 고려해 A그룹과 B그룹의 에센셜 오일을 각각 1개씩 선택합니다.
2 소이 왁스의 제품 브랜드마다 첨가할 수 있는 향료의 허용 범위가 조금씩 다르니 만들기 전 꼭 확인하고 향의 퍼센트를 정합니다.
3 왁스의 양에 따라 캔들에 사용할 에센셜 오일의 양을 확인합니다.
4 골라놓은 A그룹과 B그룹의 에센셜 오일을 8:2 비율로 비커에 계량합니다.
5 가볍게 흔들어 섞어서 에센셜 오일용 유리 용기에 넣거나 랩을 씌워 보관합니다.
6 캔들 만들 때 향을 넣는 단계에 넣습니다.

Thank You Very Much!

PLAYING CANDLE

special class
25

플레잉 캔들

1판 1쇄 인쇄 2015년 11월 1일
1판 1쇄 발행 2015년 11월 20일

지은이 김수현
편집인 · 출판국장 박태서
출판팀장 이기숙
기획 · 편집 송기자 정세영
진행 김민경
사진 심윤석 지호영
스타일링 배지현
디자인 LOOKBOOK
교정 한정아
마케팅 이정훈 · 정택구 · 박수진
인쇄 삼성문화인쇄
펴낸곳 동아일보사
등록 1968.11.9(1-75)
주소 서울시 서대문구 충정로 29(03737)
마케팅 02-361-1030~3 팩스) 02-361-1041
편집 02-361-0858 팩스) 02-361-0979
홈페이지 http://books.donga.com

편집저작권 ⓒ 2015 동아일보사
이 책은 저작권법에 의해 보호받는 저작물입니다. 저자와 동아일보사의 서면 허락 없이 내용의 일부를 인용하거나 발췌하는 것을 금합니다.

ISBN 979-11-85711-92-8 13590
값 15,000원